INTERNET CONSUMER FINANCE

BUSINESS ARCHITECTURE, OPERATIONS
AND DIGITAL TRANSFORMATION

互联网消费金融

业务架构、运营和数字化转型

腊阳 山丘 ◎著

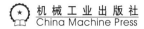

机械工业出版社
China Machine Press

图书在版编目（CIP）数据

互联网消费金融：业务架构、运营和数字化转型 / 腊阳，山丘著 . —北京：机械工业出版社，2020.11（2022.11 重印）

ISBN 978-7-111-66827-5

I. 互⋯　II.① 腊⋯　② 山⋯　III. 互联网络 – 应用 – 金融 – 研究　IV. F830.49

中国版本图书馆 CIP 数据核字（2020）第 207479 号

互联网消费金融：业务架构、运营和数字化转型

出版发行：机械工业出版社（北京市西城区百万庄大街 22 号　邮政编码：100037）

责任编辑：董惠芝　　　　　　　　　　　责任校对：殷　虹

印　　刷：保定市中画美凯印刷有限公司　版　　次：2022 年 11 月第 1 版第 2 次印刷

开　　本：170mm×230mm　1/16　　　　印　　张：14.75

书　　号：ISBN 978-7-111-66827-5　　　定　　价：79.00 元

客服电话：（010）88361066　68326294

为什么要写这本书

2013 年是互联网消费金融元年，互联网理财、消费金融等创新产品开始悉数登场；2018 年被称为互联网消费金融的转折之年，国内的互联网消费金融从这一年开始走上互联网消费信贷"正规军"之路。笔者作为最早一批从接触互联网理财到加入持牌金融机构成为互联网消费金融的从业者，短短几年间经历了从最初线下获取借款人、线上募集资金，到以互联网为基础、利用大数据风控技术和人工智能技术（活体检测、图像比对、OCR）降低商业和金融成本、实现线上获取借款人等一系列变化。其间笔者将一些经验和看法在"聊聊金融"公众号分享，受到读者的好评，这让笔者相信自己所总结的互联网金融创新之旅，对一部分正要转行做互联网消费金融的人士有参考价值。正好在 2019 年下半年受机械工业出版社杨福川老师邀请出一本互联网消费金融实战经验分享的书，虽然自知一些方法还在实践优化，一些体系还不够清晰，但看着互联网消费金融快速发展，笔者已无法等待一切清晰后再将一本完全正确或者完整程度更好的书摆在读者面前，而是希望能尽早让读者了解早期实践者的一些经验和方法，和读者一起探索互联网消费金融未来发展之路。

读者对象

本书适合金融机构消费信贷从业者，包括：

- ❑ 中层管理者
- ❑ 业务架构师
- ❑ 系统架构师
- ❑ 运营人员

本书特色

近几年，互联网消费金融快速发展，市面上也出现了不少相关的介绍趋势和模式分析的书，但鲜见基于自身实践介绍消费金融业务架构和运营的书。鉴于此，本书将基于笔者实战经历，详细讨论行业最新的业务创新和产品模式，力争让读者全面了解一线业务和实际的消费金融业务运营情况。本书具有以下特点：

- ❑ 总结一线专家经验，从互联网侧到金融侧全面分析业务架构和精细化运营。
- ❑ 分析行业和头部平台，为读者展现互联网消费金融全貌。
- ❑ 贴近一线实际业务，讲述业务变化和创新。

读者从本书中可以得到以下收获：

- ❑ 了解行业趋势和头部机构的产品创新情况，找到可以借鉴的经验。
- ❑ 熟悉消费金融机构的业务模式和整体业务流程。
- ❑ 学习数字化时代的消费金融业务架构应该如何设计。
- ❑ 了解业务如何运营，明白用户如何获取。

如何阅读本书

本书一共 9 章，具体内容如下。

第 1 章简要介绍了互联网消费金融的核心概念、生态、趋势和痛点，旨在让读者对这个行业有一个整体认识；

第 2 章以构建成功的客户旅程为切入点，讲解了如何以用户为中心来设计互联网消费金融类产品，这是产品创新的关键；

第 3~4 章首先讲解了互联网消费金融的业务架构方法论，然后具体讲解了银行、消费金融公司、金融科技公司的互联网消费金融的业务架构；

第 5~6 章详细讲解了互联网消费金融业务的运营体系和精细化运营实操方法；

第 7 章重点讲解了互联网消费金融行业数字化转型的切入点、能力体系和转型路线；

第 8~9 章有针对性地介绍了头部互联网金融消费平台给我们的启示，以及行业未来的机遇和挑战。

勘误和支持

由于笔者水平有限，编写时间仓促，书中难免会出现一些错误或者不准确的地方，恳请读者批评指正。笔者特意为本书创建了一个在线支持与应急方案的二级站点 http://book.blendercn.org，你可以将书中的错误提交到勘误表中，也可以访问 Q&A 页面交流你遇到的任何消费金融问题。如果你有更多的宝贵意见，也欢迎发送邮件至邮箱 congcong009@gmail.com。期待能够得到你们的真挚反馈。

致谢

首先要感谢这个鼓励创新的时代，给我们提供了一个开放的舞台。其次要感谢与笔者一起共事的同事，你们经过不懈努力所寻求到的创新，是本书丰富的素材来源。同时感谢公众号"聊聊金融"的读者，你们的每一次阅读和赞赏都是对笔者继续分享的最大鼓励。

感谢机械工业出版社的编辑，你的鼓励和帮助引导我们顺利完成了全部书稿。

腊阳、山丘

2020 年 10 月

| 目录 |

互联网消费金融趋势和痛点

过去几年，消费金融市场以平均每年 30% 以上的速度扩张，其中以"90后"为消费主体的互联网消费金融市场的扩张速度更是前所未有。市场数据显示，从 2013 年到 2018 年，互联网消费金融交易规模实现了 70 倍的爆发式增长。

互联网消费金融高速发展的过程中，势必鱼龙混杂，714 产品、骗贷黑产、暴力催收等问题屡禁不止，行业整体从获客到风控都面临着诸多痛点和难点。

1.1 认识互联网消费金融

互联网消费金融是以互联网技术为手段、向客户提供消费贷款的金融服务，目的是把所有交易环节电子化、信息化，以便让客户服务更快捷、高效。

1.1.1 消费金融

在介绍互联网消费金融之前，我们先认识一下消费金融。**消费金融本质上是信用贷款业务，是金融机构向消费者提供金融产品和服务，以满足其消费意愿，从而达到促进消费的目的。**狭义的消费金融是指金融机构向各阶层消费者提供以日常消费为目的的小额贷款，广义的消费金融还包含银行发放的大额消费贷款（包括房贷和车贷）、信用卡透支、"白条"类互联网消费金融产品等。如无特殊说明，本书后文提到的消费金融均指狭义的消费金融。与房贷、车贷等大额消费贷款不同，消费金融是用于消费者日常消费的小额信贷，通常信贷期限不会超过一年，额度在 20 万元以内，常见额度在 1 万元以内。

消费金融业务的分类方式比较多样，可以按照贷款方式、担保类型、贷款期限、贷款的组织形式、性质、场景等进行分类（见图 1-1），而这些贷款服务的方式由服务提供方自身资金、风控能力、风险承受能力、获客能力及资产对接能力等多种因素决定。

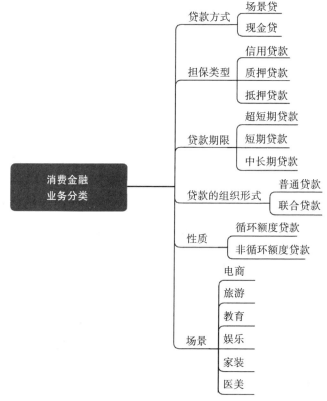

图 1-1　消费金融业务分类

消费金融发展的驱动因素主要包括社会环境、经济环境、政策环境和技术环境。

❑ **社会环境**：年轻用户群体超前消费习惯逐步养成，但收入较低，消费分期及借贷需求强烈。

❑ **经济环境**：社会物质水平不断上升，需要消费升级，但是传统金融机构提供的金融服务滞后，消费金融产品供给不足，个人消费信贷服务问题没有得到全面和妥善的解决。

❑ **政策环境**：在任何国家，金融行业都是被强监管的，展业和技术创新都是在强监管的环境下运行，监管的质量和方向决定了金融发展的速度和方向。

❑ **技术环境**：信息技术降低了消费金融的服务成本，提高了消费金融的服务效率。大数据风控、人工智能等技术的进步推进了消费金融的发展。对于长期游离在传统金融机构之外的长尾用户，互联网消费金融公司掌握了比较成熟的金融服务定价模型及风控技术。

1.1.2　互联网消费金融

互联网技术提升了消费金融各个环节的效率和用户体验，驱动了消费金融在客户洞察、产品设计、服务运营、数据实时在线、风险管理等方面与互联网的深度融合。

❑ **用户思维互联网化**：用户已基本接受快速变化的互联网生活，并将这种接受变化的思维称为互联网思维，同时相信拥有互联网思维是一件好事。

❑ **产品互联网化**："先消费，后还款"已经成为很多年轻人的消费习惯。以花呗、借呗、白条、金条等为代表的互联网消费金融产品，采用互联网技术降低了风控和运营成本，可以很好地解决互联网消费信贷中临时、小额、分散、无担保、无抵押等问题，展现了强大的生命力，受到了广大用户的欢迎。

❑ **服务运营互联网化**：灵活可扩展的分布式架构，实时在线的数据处理能力，基于机器学习的智能推荐、智能风控等技术，使消费金融客户可以通过互联网随时、随地、按需获取互联网消费金融产品。

❑ **数据实时在线**：丰富的数据及实时在线的数据服务，将完善消费金融服务的全流程，为消费金融机构提供全方位的深度服务。

❑ **风险管理互联网化**：互联网将为消费金融补全征信信息，基于客户画像勾勒出客户的社会面貌、还款能力、还款意愿、还款来源是否稳定等信息。

互联网消费金融不仅带来了外部的变化，如场景创新、产业结构革新等，也提高了消费者对互联网消费的需求。随着客群体的快速变化，互联网消费金融渠道也在快速转变，这就要求其产品快速迭代，缩短周期，过去积累的相关经验和行业规则逐步被打破和重建。新兴市场的出现推动了内部组织架构和流程的转变，这又反过来促进了互联网金融产品和服务的创新。

1.1.3　目标客群

对于提供"小额、分散"消费金融产品的互联网消费金融平台来说，其主要目标客群包括："90 后"年轻人群，三、四线城市得不到优质金融服务的人群，以及其他中低收入人群。

如图 1-2 所示，各家金融平台的业务模式虽各有侧重，但目标客户大多没有得到优质银行贷款服务且月收入在 2000 元～ 10 000 元的 B、C 类客户，这些金融平台的目的就是满足这类人群的小额消费信贷需求。

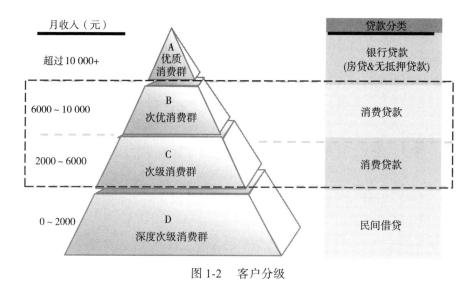

图 1-2　客户分级

随着业务的发展，我们又可以将客户分为纯新客户、低风险客户（即现有优质客户）、中风险客户和高风险客户，针对不同的客户分类设计不同的产品并配置不同的产品要素，以期实现"千人千面"的个性化产品服务。

互联网消费金融的目标用户更倾向于互联网化、移动化、年轻化。联合国

《2015 年全球人口发展报告》显示："90 后"在近几年占 15 ～ 60 岁劳动人口的比重高达 22.7%，而且在未来呈上升趋势，或达到 30% 以上。所以，"90 后"逐渐成为消费金融的主力军。另外，互联网金融的目标客户呈年轻化，年龄段在 20 ～ 39 岁的客户占比高达 85%。这类客户的共同点是年轻、消费观念开放、消费欲望大于实际收入、消费潜力持续增长。同时，由于信用记录缺失、信用意识缺失、还款能力较弱、消费观念开放、消费欲望旺盛，这类有一定还款能力和基础信用数据的"白户"人群属于传统银行不欢迎的高风险人群，但已成为各类消费金融平台争抢的对象。

从行业生态来看，商业银行和持牌消费金融公司抢占了相对较好的客群。整理已公开的消费金融公司信息可得，目前消费金融公司主要聚焦于 3 个用户关键词：年轻的、稳定的和中低收入。整体上，年轻白领、新婚家庭、蓝领工作者共同构成了持牌机构的用户结构。从年龄层上看，"80 后"和"90 后"成为消费金融公司的主要用户。随着消费金融的规模越来越大，包括持牌消费金融公司在内的客群风险逐渐上升，并且随着客户进一步下沉，未来的不良率将有所上升，持牌消费金融公司面临着比传统商业银行等金融机构更高的风险。而且伴随市场的激烈竞争，可能会出现客户多头共债的现象，过度授信可能会带来极大风险。

1.1.4　互联网消费金融业务特点及商业模式

与传统的消费金融产品相比，更多的互联网消费金融产品是小额短期信用贷款，期限一般在 1 至 12 个月，而线下传统的消费金融产品期限可能会长达 36 个月。互联网消费金融的授信和放款限制一般在 1 万元以内，涵盖各种日常消费需求，比如电商消费、衣服化妆品、房租、学费、3C 电子产品等。

互联网消费金融主体多元、创新模式多样、产品多态，前几年的业务创新、技术创新和运营创新带来的快速发展，在金融监管下发生了颠覆性改变，加速该行业进入淘汰期。

1. 互联网消费金融业务的特点

互联网消费金融业务主要定位于商业银行覆盖不到的"90 后"年轻人群，金融服务不充分的三、四线城市人群，以及中低收入人群，直白地说就是传统银行服务不涉及的次级客群。互联网消费金融专注提供小额、无抵押、无担保的消费贷款，具有"小、快、灵"的业务特点，如图 1-3 所示。

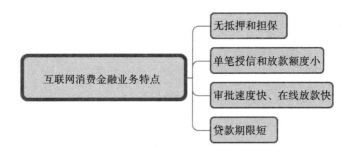

图 1-3　互联网消费金融业务特点

相比传统的消费金融业务，互联网消费金融业务完全依托于移动互联网发展的创新业务模式，客户可以通过手机完成从 App 下载、注册、认证、申请、贷款到还款的全业务流程。与传统消费金融产品如房贷、车贷和线下大额现金贷产品相比，互联网消费金融具有的单笔授信额度小、贷款期限短、申请流程快捷、随时放款等特点，符合目前"80 后""90 后"群体的消费习惯。

2. 互联网消费金融的商业模式

消费金融的常见商业模式有哪些？它们是如何盈利的？按照盈利模式可以将其分为纯利差盈利模式和利差加其他收入盈利模式。

□ 纯利差盈利模式：主要针对传统的消费金融公司，这类公司主要的收入来自利差收入，因为其资金成本比较低，这也是传统金融的盈利模式。

□ 利差加其他收入盈利模式：互联网消费金融兴起后，更多的公司能够通过用户流量导入、促销等方式从产品供应商处获得收益。

消费金融的收入 / 成本构成和自身的核心能力决定了其盈利模式。盈利模式的选择通常是被动的，是资产方和资金方根据各自特点合作的结果。

消费金融的收入 / 成本构成如图 1-4 所示。

消费金融的核心能力如下所示。

□ 获客能力和客户服务能力：在各种场景中以最少的成本来精准获客，并给客户提供有针对性和竞争力的金融服务产品。

□ 提升用户借贷体验的能力：提升用户体验，挖掘用户再次借贷的需求；

提升用户复借率，帮助消费金融机构省去部分获客环节的成本。

❑ 风控能力：反欺诈能力和对用户进行差异化风险评估的能力。

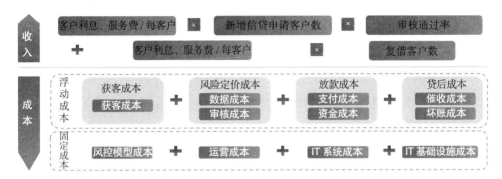

图 1-4   消费金融收入 / 成本构成

1.1.5　产品创新

现在市面上的产品同质化很严重，就当前社会和技术发展阶段而言，多数创新属于产品形态的创新。根据第一性原理，回归金融的本质来看消费金融，即用户在消费场景内由于自身资金实力无法满足消费需求，需要借助外部金融服务机构提供金融服务。如果站在用户的角度来看，用户只是有资金缺口需要借钱，借钱的金额是固定的，自己了解自己的还款能力，而且这个资金需求很可能是临时的，那么用户希望借款秒到账，可以灵活制定还款计划。至于是否有更高的额度，用户此时是不关心的，只有在下次使用时才会考虑。

对于用户体验来说，方便快捷是用户的第一诉求。产品创新需要提高产品研发能力、风控能力与运营能力，通过深化金融与新兴科技的融合，实现渠道与场景的连接，解决普惠金融"最后一公里"问题，进而服务大量传统金融机构难以覆盖的长尾客群。传统金融机构面对的是少数拥有征信记录的优质客户，而互联网消费金融公司则可以有效地利用科技风控，对大部分"小白"客户施行小额、分散化的普惠金融服务。产品创新可以结合更多实际的消费场景，增加受众范围，降低准入门槛，推出符合客户需求的个性化定制金融产品。

随着消费转型升级，新的消费场景逐渐产生，导致产品创新需要研究与新的消费场景相适应的消费金融产品，以满足客户对消费金融的需求。

互联网消费金融就是和消费场景紧密相连的金融业务，未来消费金融产品最主要的创新主体应该是拥有消费场景入口的零售企业。与传统对公信贷、房贷等大金额、低频次的业务不同，场景入口化、金融嵌入式是消费金融的关键成功要素。零售企业具备真实消费场景、信息流、资金流，若与消费金融相结合，会对金融服务创新起到推动作用。

如今，传统金融机构在金融体系中占有主导地位，不过其转型速度慢、互联网风控能力弱，所以在互联网消费金融全面创新的路上还有很长的路要走。展望未来，AI 和区块链技术有可能成为消费金融颠覆性创新的关键技术。

1.2 互联网消费金融生态分析

消费金融主体多元、模式多样、业态丰富。消费金融生态圈包括持牌和非持牌机构核心参与者及外围服务提供方，持牌机构核心参与者包括持牌金融机构如传统银行、消费金融公司等，非持牌金融机构核心参与者包括互联网头部平台、金融科技公司和网贷平台等，如图 1-5 所示。外围服务提供方包括第三方征信数据提供方、第三方支付方、风控技术方、贷后催收方等。

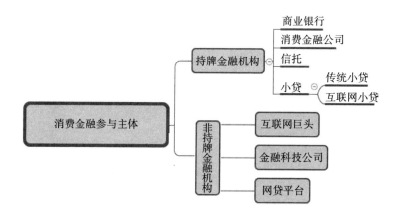

图 1-5 消费金融参与主体

1.2.1 持牌金融机构

资金成本低、风控体系成熟、对接央行征信、多年积累的大量客户等成为持牌金融机构的优势。但大部分持牌金融机构的互联网消费金融产品准入门槛高、提供资料烦琐、审批较严格、申请周期相对较长、效率较低，导致在客户体验方面与互联网平台存在一定差距。当然，这里也不乏以网商银行、微众银行、马上消费为代表的挑战者金融机构，比如，网商银行的"310"贷款模式（3 分钟申贷、1 秒钟放款、全程 0 人工介入的全流程线上贷款模式）可以为客户提供 7×24 小时的金融服务。

持牌金融机构通常可分为 4 类：商业银行、消费金融公司、信托和小额贷款公司。

1. 商业银行

商业银行在信用卡业务和信贷业务领域具有庞大的客群和得天独厚的政策资源。银行可以借助互联网渠道和消费市场转型的巨大红利，在消费信贷业务上获得较大的市场份额和利润。不过，传统的经营模式和风控体系在互联网消费金融业务上既有优势又有劣势。银行作为信贷业务的核心机构，在发展贷款业务方面具备风险管控严密、资金运用规范且信用体系完善的优势，在消费信贷业务上理应有所发挥，但是大部分传统银行受到内部管理和政策监管的约束，使得小额贷款、消费信贷等业务发展较为缓慢。业务发展受阻导致消费金融的大部分市场份额被互联网平台、消费金融公司所占领，银行在整个消费金融领域，尤其是在互联网小额贷款业务方面处于劣势。传统银行虽然在信用卡发卡量、资金和规模上具备优势，但是在渠道、场景和数据方面缺乏竞争力。

2. 消费金融公司

从 2009 年 7 月开始，监管机构在政策上开始促进中国消费金融市场的发展并规范消费金融公司的经营行为。中国银保监会颁布了《消费金融公司试点管理办法》，开始试点运行消费金融公司。试点运行后，消费金融市场不断涌现新的消费金融公司，传统银行、互联网平台等纷纷布局消费金融领域。目前，持牌消费金融公司主要由银行系和产业系构成。

银行系消费金融公司主要的出资者来自城商行。银行涉足消费金融领域有利于填补传统消费金融服务的空白，以独立于银行体系之外的消费金融公司为平台覆盖长尾客户，进而扩大市场份额。银行系消费金融公司占有的消费金融牌照超过总额的 90%。

产业系消费公司是企业主导设立的公司，目的是实现金融产品与产业消费场景的结合。产业系消费金融公司占总体消费金融公司的比例较小，目前主要有海尔消费金融、苏宁消费金融和华融消费金融三家。产业系消费金融公司比较突出的优势是可以打通消费场景，把消费金融产品嵌入自身消费场景，以优化用户体验、精准提供消费金融服务并扩大主营业务。

持牌消费金融公司作为消费金融领域的新兴力量，以信贷零售商的角色成为连接资金和场景的重要市场主体，也成为消费金融行业的重要补充。同时，互联网平台也积极参与到持牌消费金融的合作中，如 360 入股晋商消费金融公司、百度入股哈银消费金融公司、新浪微博入股包银消费金融公司、玖富入股湖北消费金融公司等。详细清单如图 1-6 所示。

27家获批筹建消金公司清单				
编号	简称	获批时间	所有城市	未开业	注册资本(亿)
1	中银	2010/1/6	上海		8.89
2	北银	2010/1/6	北京		8.5
3	锦程	2010/2/22	成都		3.2
4	捷信	2010/2/22	天津		70
5	兴业	2014/8/28	泉州		5
6	招联	2014/10/14	深圳		28.59
7	海尔	2014/12/3	青岛		5
8	苏宁	2014/12/11	南京		6
9	湖北	2014/12/16	武汉		5
10	马上	2014/12/30	重庆		22
11	中邮	2015/1/6	广州		30
12	杭银	2015/7/7	杭州		5
13	华融	2015/10/23	合肥		6
14	盛银	2015/11/13	沈阳		3
15	晋商	2016/1/14	太原		5
16	长银	2016/6/16	西安		3.6
17	哈银	2016/11/8	哈尔滨		5
18	包银	2016/11/8	包头		3
19	尚诚	2016/11/17	上海		10
20	中原	2016/12/16	郑州		5
21	长银五八	2016/12/27	长沙		3
22	富util	2015/12/1	昆明	未开业	
23	冀银	2016/8/1	石家庄	未开业	
24	易生华通	2017/1/9	珠海	未开业	10
25	幸福	2017/1/22	石家庄		3
26	金美信	2018/10/22	厦门		5
27	中信	2018/9/17	北京		

图 1-6　获批筹建消金公司清单

3. 信托

消费金融信托属于信托公司的创新业务，与传统信托型业务存在较大差异。2014 年前后，信托公司开始不断参与此类业务，截至 2019 年已经有 18 家信托公司明确开展了消费金融信托业务，并具备了一定的信托资产规模。

信托公司参与消费金融有多种模式，包括消费信托模式、流贷模式、助贷模式和 ABS 模式等。其中，助贷模式可以概括为信托公司通过自有资金或者信托计划募集资金，由助贷平台推荐合格借款人，然后由信托公司直接与消费者签订个人消费金融信托贷款合同并放款，借款人直接向信托公司还款。助贷平台作为中介服务机构，提供客户推荐、资质初审、还款提醒、逾期催收等服务，协助信托公司完成贷前、贷中与贷后全流程管理工作。信托公司提供贷款通道、运营服务、风控输出、资金引入等一系列综合服务，与助贷机构共同为各类场景、各类人群提供消费信贷服务。此类模式通常会要求消费金融服务机构认购劣后级信托份额，并提供担保、回购、逾期补足等服务来规避道德风险。

4. 小额贷款公司

全国大概有 8000 家小额贷款公司，以及约 260 家的网络小贷公司。网络小额贷款是由小额贷款公司作为贷款人，利用互联网向小微企业或个人提供短期、小额信用贷款，使贷款申请、贷中审核、贷款发放网络化。网络小贷公司要遵守现有小额贷款公司的监管规定，不能吸收公众存款。网络小贷公司打破了传统小贷公司的地域限制，可通过互联网在全国范围内发放贷款，成为目前互联网金融行业性价比较高的放贷模式。同时，其凭借互联网平台、大数据、产业链等多重优势迅速拓宽市场、增加新的利润空间，目前处于上升阶段。与此同时，传统小贷公司的境遇每况愈下。2018 年，传统小贷行业不仅出现机构数量和贷款余额双降的情况，而且受互联网金融和金融科技快速发展的冲击以及自身发展局限的影响，出现了营收、净利润等主要指标下降和不良贷款率大幅上升等问题。

1.2.2　互联网平台

互联网平台在用户数据积累、分析、使用以及将互联网消费者转化为消费金融用户方面具有独特优势，可以用比传统金融机构更低的成本更准确地判断消费者的风险水平，也可以基于数据挖掘识别优质客户，从而提高盈利水平。但是互联网平台在资金成本和资金来源稳定性方面不具优势，需要构建平台生态，以便通过资产流量转发的方式提升客户服务能力和盈利水平。

相比商业银行和持牌消费金融公司，互联网平台拥有更纵深的消费场景以及更强大的渗透能力，发展潜力巨大。除 BAT 外，美团、京东等生活服务平台和电商也都加速布局市场，开发新产品，或者与银行机构合作导流助贷业务。一方面，互联网平台有着庞大的客群，而且有较为明确的消费需求，结合其多年积累的大数据资源，可以评估客户的消费习惯和消费能力，有利于全方位构建信用风险评级系统。另一方面，互联网平台可以有效地切入消费场景，由其自身提供消费金融产品，比转到其他平台再申请消费金融服务更方便、快捷。消费金融产品体验成为互联网平台生态建设的一种有益补充。

互联网平台通过各自关联的网络小贷、保理和消费金融牌照，依托平台的客户资源，从自身平台分期逐步发展到其他消费场景分期。行业巨头已经切入细分垂直领域，如租房、旅游、医美、教育和装修等。垂直领域消费的目标客户主要为传统金融服务不充分的三、四线城市，低学历人群和中低收入人群等。

从互联网平台服务的客群角度分析，互联网平台的人群主要是35岁以下的年轻人以及特定互联网场景的消费群体，其中包括从未有过信贷行为的白名单客群。互联网消费金融产品主要满足"80后""90后"青年人高频、小额的消费金融需求。

互联网平台能够覆盖绝大多数线上消费场景，这也是其核心优势之一。互联网平台基于前期大量的资源投入，建立了完整的互联网生态，从而获得了与央行征信数据互补、大量且完善的行为数据，如消费数据、交易数据、社交数据等，便于从多角度判断用户的信用风险。目前，消费金融产品是互联网巨头流量变现的一种好方法，与银行机构合作发展助贷业务、对利率进行分成是一种增加利润的成熟商业模式。

1.2.3　金融科技公司

除了 BAT 等有流量和消费场景优势的互联网巨头外，金融科技公司纷纷抢先布局消费金融业务，比如以乐信、趣店为代表的头部金融科技上市公司。金融科技公司的助贷业务已经成为消费金融行业重要的资金供给，也代表着金融科技公司的流量质量高、风险承担能力和科技实力强。

几家头部的金融科技公司正在通过助贷模式与金融机构合作，利用机构资金增加消费金融业务规模，并构建广泛的生态体系，特别是一些金融科技公司入股持牌消费金融公司，这说明市场和监管层面对金融科技公司有更高层级的认可。未来，金融科技公司与持牌消费金融公司会有更加广泛的合作，同时规模也会有所增长。

除了现金借贷产品外，金融科技公司正积极拓展 3C、医美、租房、教育培训等垂直行业以及蓝领等细分人群的消费金融产品。

1.2.4　网贷平台

从金融角度来看，网贷平台监管可以限制表外融资。网贷平台所开展的业务实质上是"吸储 - 放贷"，赚取利差并承担信用风险。但网贷行业监管方式及备案一再延期对行业造成的影响尚不明确。整个网贷行业将持续清退和降低余额，长期来看大多数甚至所有网贷平台持续经营的机会可能比较渺茫。

目前业内有两种预测，一种预测是在 3 ～ 5 年或者更长时间内清退中小规模网贷平台后，头部的 3 ～ 5 家网贷平台会迎来备案，但在资产规模和杠杆率方面会受到严格限制。另一种预测是关于网贷的转型方向，各家网贷平台投资余额逐渐清退，主要转型到助贷平台，同时通过申请互联网小贷甚至消费金融牌照来转型。比如陆金所彻底清退网贷余额，目前已经成功申请消费金融牌照，拍拍贷、宜人贷等则尝试转型助贷平台。

1.3　互联网消费金融行业趋势

互联网消费金融放款规模正逐年快速扩大，监管从全力支持到严格管理，行业开始渐渐合规。在行业规模持续扩大的同时，获客成本和风控成本的控制受企业自身能力影响较大。在此背景下，互联网消费金融公司要想发展，就必须掌握获客、用户体验和风险控制这三大能力。

1.3.1　万亿增量仍待发掘

从国家政策来看，最近几年，特别是 2014 年到 2018 年，中央政治局会议一直在提扩大内需。扩大内需包括扩大投资需求和扩大消费需求。在全球经济增长放缓，国内经济处于结构转型升级的大背景下，除了投资和出口外，消费需求特别是居民消费将持续主导今后较长时期的经济增长。

从消费金融行业来看，自 2009 年开展消费金融试点以来，行业发展由点及面、全面铺开，国家相继出台一系列鼓励政策，使得消费金融市场得到前所未有的爆发式增长。居民消费贷款余额从 2015 年初的 15.7 万亿元增加到 2019 年 9 月的 40.8 万亿元，增幅高达 159.9%。从央行住户部门余额中减去个人住房按揭贷款、车贷、个人经营类贷款，再加上未纳入统计的网贷，就可以得到消费金融贷款余额。2018 年末，中国住户部门贷款余额已达 47.9 万亿元，央行表内消费金融贷款余额 10.4 万亿元，如果网贷部分有 0.7 万亿元余额，可以计算出中国消费金融行业贷款余额为 11.1 万亿元。近几年，互联网消费金融开始蓬勃发展后，出现了越来越多的互联网消费贷款。小额短期的互联网消费贷款占整体消费贷款的比例攀至新高。

从长期发展空间来看，尽管消费金融发展了 30 多年，但在很长一段时间里，传统银行体系里消费金融仍然主要服务于央行征信体系覆盖的高净值、高收入人群，主要产品是信用卡和汽车贷款，大量的潜在客群体未被有效覆盖，尤其是 35 岁以下的年轻人群以及三线以下城市或农村居民。一般而言，收入较低、收入不稳定或居住地较落后的人群由于当地金融发展状况，难以得到消费金融服务。

根据人行征信中心披露的数据，截至 2017 年 11 月，有贷款记录的自然人达 4.8 亿。由于政策限制，传统金融领域存在大量未覆盖或没有贷款记录的客群，但实际上金融渗透率的天花板为 20%～30%。由此可大致推断，消费金融实际潜在服务客群为 7 亿～7.5 亿。其中，由于持牌系和非持牌系消费金融平台覆盖人群的重叠性，当前消费金融行业有效覆盖的客群为 5.5 亿～6 亿，尚有 1 亿～1.5 亿人未被覆盖，因此运营获客的核心是优质和次优客群。2015 年到 2019 年是消费金融爆发期，在这期间人行征信中心有贷款记录的自然人每年新覆盖近 5000 万人。以未来每年消费金融新覆盖 4000 万人估算，3～4 年内 1.5 亿的潜在客群将被完全覆盖。也就是说 2021 年后，消费金融行业才可能从增量竞争转变为存量竞争。市场存量用户的运营将考验消费金融平台的整体风险运营和用户运营的能力。

2015 年到 2019 年期间，整体政策不断利好，在移动互联网和金融科技创业的带动下，传统银行、消费金融公司、电商等互联网头部平台、金融科技公司、网贷平台等纷纷加入或布局消费金融业务。通过互联网和金融科技有效解决了金融服务中一些烦琐、低效的问题。互联网消费金融与主要服务 4.8 亿有信贷记录人群的传统银行形成分层次、错位发展的互补态势。从行业长期发展来看，表内消费金融占总信贷规模有望突破 25%。

1.3.2　行业分化持牌利好多

消费金融在过去的 3 年一直被称作互联网金融领域最大的风口，也是在目前的强监管环境下尚存的风口之一。推进消费的政策环境还在，消费金融在行业层面也是受到政策鼓励的。经过近几年的快速发展，行业步入了一个拐点和分化的阶段。分化背后的逻辑为：场景的集中带来了用户的集中、数据的集中、科技能力的集中，最后达到强者愈强。

行业内的每一条政策对于业内玩家的影响都是巨大的。2017 年年底，《关于规范整顿"现金贷"业务的通知》的发布对大多数非持牌消费金融平台产生较大的负面影响，导致创新型机构在产品、业务模式上受到较大影响。从资金端来看，消费金融正在退出一些高风险客群，同时减少部分垂直领域的投入，比如现金贷、校园贷、租金贷和教育贷等产品。在产品利率定价方面，以监管红线 36% 的口径来计算，如果严格按内部收益率（IRR）来计算，部分平台和资产的利率无法抵消坏账。限制持牌金融机构业务扩张的主要因素是资本充足率。当前阶段有牌照和资金优势的公司占有绝对的优势，特别是在网贷平台的消费金融资产总体缩表的情况下，绝大部分的资产将体现到银行、持牌消金等银行业金融机构表内，非持牌平台的资产都将以导流和助贷模式进入持牌金融机构表内。

严格的金融环境趋势预计不会改变，非持牌机构的不合规业务仍会面临清理整顿。同时，资金来源的可获得性、稳定性会导致行业继续分化，行业的集中度将进一步上升。

1.3.3　合规发展越来越强

在过去的几年中，金融科技以前所未有的速度颠覆着传统的金融行业，成为改变金融行业的中坚力量。其作为工具可以极大地拓展金融产品的可触达面，有效提升金融产品的可获得性。金融科技中新型的技术和数据挖掘工具从本质上解决了信息不对称这一核心金融问题，并从根本上在提高金融效率的同时降低了金融服务的成本。

然而近几年互联网消费金融在资本利益的驱动下盲目扩张而忽视了金融发展的本质是风险管控。在经历了整个行业高速发展后，2017 年 12 月，消费金融行业迎来一个以整治现金贷新规《关于规范整顿现金贷业务的通知》（如图 1-7 所示）为代表的强监管。现金贷业务被纳入互联网金融专项整治范畴，由政府统筹开展整顿工作，重点监管过度借贷、重复授信、不当催收、畸高利率和侵犯个人隐私等问题。

发布时间	颁布政策	颁布机构	政策解读
2009/7/22	消费金融公司试点管理办法	银监会	持牌消金小范围试点，首批 4 家公司获批成立
2013/11/14	消费金融公司试点管理办法（修订版）	银监会	多处修订，包括出资人限制、营业地域限制等
2015/7/18	关于促进互联网金融健康发展的指导意见	央行、工信部、公安部等 10 部委	鼓励互联网金融创新，实现优势互补，拓展机构融资渠道，明确监管责任
2016/10/25	关于加大对新消费领域金融支持的指导意见	央行、银监会	多方面鼓励消费金融发展和金融创新
2017/5/27	关于进一步加强校园贷规范管理工作的通知	银监会、教育部、人社部	严格监管校园贷，暂停网贷机构开展校园贷业务
2016/8/17	网络借贷信息中介机构业务活动管理暂行办法	银监会、工信部、公安部、网信办	加强网络借贷信息中介管理，提出备案制，规范信息披露及监管
2017/11/21	关于立即暂停批设网络小额贷款公司的通知	互金专项整治办	暂停网络小贷牌照发放
2017/12/1	关于规范整顿"现金贷"业务的通知（141 号文）	互金专项整治办	取缔无场景"现金贷"，明确年化 36% 的利率红线，限制银行业金融机构"助贷"合作
2018/8/18	关于进一步做好信贷工作提升服务实体经济质效的通知	银保监会	鼓励消费金融发展，增强消费对经济的拉动作用
2019/1/14	关于推进农村商业银行坚守定位，强化治理，提升金融服务能力的意见	银保监会	控制农商行跨区经营和跨区助贷业务
2019/10/21	关于办理非法放贷刑事案件若干问题的意见	最高人民法院、最高人民检察院、公安部、司法部	依法惩治非法放贷犯罪活动，有效防范因非法放贷诱发涉黑、涉恶以及其他违法犯罪活动

图 1-7　消费金融监管政策

监管环境日趋严格，消费金融行业的运营也会越来越规范。从监管角度看，消费金融行业未来规范的重点将集中在完善监管政策、加强信用风险管理、加强行业信息共享、防范金融科技滥用、加强消费者权益保护、完善多层次信用体系等方面。从行业层面看，鼓励消费的同时又担心整体债务、个人杠杆过快增长给金融体系带来风险。结合近两年监管文件频出的情况，监管层对消费金融已经从一开始的鼓励变为严监管。从 2018 年上半年开始，不仅仅是消费金融，整个金融政策都是趋紧的，去杠杆偏一刀切。基于这些现状，监管部门虽然未在行业层面出台限制性规定，但是出台了很多补丁性、结构性限制政策。

1. 助贷、联合贷的监管

监管机构对助贷的区域、联合贷的出资比例、占资产结构比例都有一定的要求和限制。2019 年 10 月 12 日，北京银监局发布了《关于规范银行与金融科技公司合作类业务及互联网保险业务的通知》，要求银行与金融科技公司依法审慎开展合作助贷业务，加强合作机构管理并规范开展线上贷款业务。

2. 互联网贷款资质

2017 年，141 号文发布的同时也暂停了互联网小贷牌照的发放，要求民营银行线上放贷需要具备互联网贷款资质。牌照成为互联网消费金融一个重要的门槛。

金融机构作为唯一的资金供给和合规放款机构，选择有一定规模的大资产方是必然的，特别是小的金融科技平台、网贷平台的陆续退出，背后反映了整个金融机构的态度。审慎选择合作方是未来一段时间的重点，合规、小规模机构的资金流向大平台，金融科技公司也需要大数据做支撑。这一系列因素给行业带来的影响可能就是强者恒强、弱者越弱。

1.4　互联网消费金融行业痛点

我国消费金融行业存在许多问题：金融机构消费贷款渗透率低，与发达国家存在较大差距；传统银行等金融机构的消费贷款以中长期贷款为主，难以满足借款人的短期消费需求；征信体系不健全，消费金融服务主体风控成本高；等等。

随着消费金融的快速发展以及信息技术的快速进步，消费金融市场的从业主体也从最初的银行一家独大，发展到现在的银行、消费金融公司、小贷公司、互联网金融公司等共同竞争的格局，而服务的模式也逐渐从线下发展为更加便捷的互联网消费金融模式。行业的快速发展引发了一系列突出问题，如流量稀缺、获客成本高和多头借贷风险高等。

1.4.1 流量稀缺

互联网时代，大多行业都有一个叫作"流量稀缺"的关键痛点。行业发展得越快，流量越贵，获客成本越高。消费金融市场竞争最关键的一环就是获客。当一个市场高度竞争化、产品同质化严重的时候，通过降低获客成本夺得市场份额、增强公司核心竞争力就显得非常重要。

然而，获客成本高、涨得慢成为消费金融平台的心头之痛。用户运营成本居高不下，优质客群向头部聚焦。消费金融客群大多是稍次级的用户，目前消费金融的用户在一、二线城市分布，而这部分用户已经被各大平台"瓜分"殆尽，这也是消费金融市场规模增速放缓的主要原因之一。2015 年，消费金融企业的获客成本平均在几十元（向一个用户放款），而到 2018 年年末，平台的注册成本就达到了 50 元～ 100 元。在行业产品同质化和成本攀升的时期，消费金融企业若要突破瓶颈，寻求新的业务增长，就需要下沉服务客群。不过，这批有潜力的下沉用户可能会增加获客运营成本和相关的风险成本。

"无流量，不金融"，正如流量明星拥有的超强带货能力，流量平台的用户量对金融机构也有着越来越强的吸引力。流量意味着用户数，用户数成为金融业务获客的基石。

1）流量意味着用户数。对于互联网巨头来说，将用户导流给金融机构，是这一轮流量变现的最好方法，自营金融业务也成为其流量变现价值最大化的选择，各家互联网巨头悉数进入消费金融领域，而围绕着互联网流量与金融机构合作的生态逐渐成熟。

放眼望去，但凡有一点流量的 App 都配备了一个借钱或者钱包入口。凭借超高的毛利率和广泛的需求，现金贷俨然成为继广告、游戏、电商之后又一款流量变现的高效工具。2015 年前后，互联网客户的消费金融产品渗透率很低，消费金融类机构互联网渠道获客的效果很好，成本低，转化率高，客户优质，也容易向 App、公众号等自有渠道导流。但进入 2018 年，互联网渠道获客成本节节攀升，且共债用户多，很难向 App 等自有渠道导流。"烧钱"获得的用户，只有产品和运营跟得上，才会有用户留存。消费金融机构要在业务爆发式增长的同时锤炼、夯实风控基础。一些持牌的金融平台通过与流量巨头合作实现了规模增长，但运营能力跟不上，无法将借款用户转为自有用户，对所谓的助贷模式比较依赖。这时，消费金融机构高价格买来的流量，很难转化为自己的渠道用户，形成了买一次用一次、下次再用再买的状态。若无法跨越把合作渠道的放款用户转化为自有用户的"天堑"，自身核心能力越是退化，对外部流量的依赖度就越高，客户留存率就越低，公司的竞争力就越弱。

2）贷款超市作为流量采集和分发的中间商，在充分发挥流量优势的同时，也间接抬高了流量成本。贷款超市从百度、头条、新浪等各大流量平台批发流量，再卖给有获客需求的银行、小贷、消费金融等机构。流量生意目前已经进化为分工细致且成熟的产品链，很多贷款超市把同一批流量推给数百家平台，这样可以使其采购的流量价值最大化。很多贷款超市采用 CPC（Cost Per Click）付费或注册 CPA（Cost Per Action）正常采购流量。金融机构一般采用 CPS（Cost Per Sale）的模式来结算，通常按放款的 2%～3% 费率来结算。

流量和用户运营是金融机构的能力弱项，随着流量越来越集中，一方面互联网巨头手握流量，但受资本限制，自营放贷空间有限；另一方面大量的金融机构放贷能力虽足，但缺乏流量来源和资产能力。二者的结合能够实现资源的互补和优化，目前这也是行业助贷和导流的成熟业务模式。在这个合作过程中，掌握流量的一方搭建金融平台，使金融机构难免走向资金管道化，减弱话语权。

1.4.2　成本攀升

消费金融业务利润空间收窄的原因主要源自 3 个方面：不良贷款率攀升、资金成本升高和获客运营成本上升。

1）从产品方面来看，市场上包括持牌消费金融公司、银行、信托、金融科技公司等玩家，获客方式多数在移动互联网手机端，非指定用途是现金类贷款，放款机构很难匹配用户使用的用途并跟踪资金动向，且目前产品的同质化较严重、创新不足。同质化产品会引发重复授信，而重复授信将导致用户金融杠杆的升高，最终放款平台将面临不良贷款率升高而吞噬利润的问题。稳健是各家消费金融公司的共识，不盲目追求规模，更注重资产质量。

2）资金来源是地基，低息稳定资金是持续发展的保障。资金获取能力强的平台在竞争中更加有利。消费金融的本质是信贷，因此只有获得了稳定且低成本的资金，才能够为消费信贷发放提供坚实的基础。资金端获取能力主要取决于两个方面：第一，平台天然具备资金优势，如银行的资金主要来源于存款，成本最低，因此能够提供相对低利率的消费信贷产品，在利率相似的情况下也能比其他平台获得更高的利差；第二，优质的资产端能够吸引优质的资金，如互联网头部平台，能够依靠优质的资产端获得稳定的利润，使资金方对平台的盈利能力和安全性有充分的信任，同时也可以获得相对稳定、低成本的资金来源。

另一方面，资金成本的上升会直接影响消费金融业务的利润率。消费金融业务本身属于资金消耗型业务。以持牌消费金融为例，头部招联消费金融公司在2018年上半年营收与净利润增长幅度存在一定的剪刀差，营收增幅高达80%，但是净利润增幅仅为11%，利润增幅下滑的一部分原因是资金来源成本加大。持牌消费金融公司的资金大多来自金融机构，融资渠道包括股东增资、向金融机构贷款、银行间同业拆借、资产证券化（ABS）及金融债券。资金成本由于渠道不同而有所差异，如通过同业拆借融资成本较低，一年期的Shibor（Shanghai interbank offered rate，上海银行间同业拆放利率）可以低到3.228%，但需要消费金融公司满足一定的条件，即只有成立时间较长、资产和利润达到一定规模才有资格申请。截至2019年6月10日，一共有10家消费金融公司获准进入银行拆借市场。此外，消费金融公司资金主要来自向金融机构贷款，但借款利率一直在攀升，在2019年下半年一度在7%以上。各类机构资金成本情况如图1-8所示。

3）任何消费金融平台一开始都是从获客入手，通过降低获客成本来争取利润空间。线上流量已经基本被巨头瓜分，越是大的流量入口，客户竞争越激烈。流量价格水涨船高，部分流量平台给出的CPA/CPS合作价格很高，大量的产品首贷基本没有太多利润空间。随着线上获客成本的增加，行业运营成本急剧上升，如何运用精准营销来获取流量变得越来越重要。

图 1-8　资金成本

1.4.3　多头借贷风险高

多头借贷面临行业获客贷超化、风控同质化问题。首先，行业的征信数据在集中、用户流量在集中、消费场景在集中、风控模型也在趋同。其次，互联网消费金融平台的信贷记录未完全纳入征信系统。近几年，随着互联网消费金融的放款和余额不断攀升，行业中多头借贷的现象日益严重。多头借贷一般指单个借贷人在 2 家或 2 家以上的借贷平台上有借贷行为。由于单个用户的偿还能力有限，同时向多家借款平台借贷，那么其偿还能力和持续性必然有较高的风险。通常来看，借贷人出现了多头借贷的情况，说明该借贷人的资金流出现了较大问题，其还款能力和还款意愿是需要质疑的。经验和数据显示，多头借贷用户的逾期风险是一般用户的 3 ～ 4 倍，贷款申请人每多申请一家机构，违约的概率就会上升约 20%。借新还旧、每月不断增长的还款本息会导致债务不断累积，当每月借贷本息超过其还款能力时，用户只能选择逾期。

借款人的多头借贷或者以贷养贷的现象越来越严重。根据持牌消费金融内部生态的数据统计，一些年轻人下载的借款 App 甚至有二三十个。多头借贷很容易造成以贷养贷，即在期限错配过程中很容易通过贷款还贷款，导致债务压力变大。

在业务发展过程中，征信体系不够完善，当多家平台共同发展同一批客群时，必然会存在对同一个用户同时授信和过度授信的情况。当信贷资金超过用户的真实资金需求后，用户就可能做出过度消费、挪用到房产等投资渠道或者让资金流向其他高风险领域的行为，导致风险积累和后移。

从产品方面来看，持牌消费金融公司、银行、信托、创业公司等市场玩家的展业方式多以无场景（用户在申请贷款时会填写用途，但机构并未追踪资金去向）、无抵押的信用贷款为主，产品创新不足。在国内居民征信体系尚未完善的时期，机构之间的信息孤岛问题严重，"同质化"产品极易引发重复授信。而重复授信将导致用户金融杠杆升高，最终使平台面临不良率抬头的问题。大量的消费借贷发放后，资金流向和发放用户不一致的情况，使用户的金融杠杆升高，也增加了消费金融平台的金融风险。

消费金融主要存在如下问题：

- 金融机构消费贷款渗透率低；
- 我国金融机构消费贷款以中长期贷款为主，难以满足借款人的短期消费需求；
- 征信体系不健全，消费金融服务主体风控成本高。

1.5 金融科技对消费金融的影响

金融科技大大改变了互联网消费金融的发展格局，使其可以借助技术创新，打造新型业务模式、业务流程。云计算、大数据、AI 等领域的技术革新，催生了新型互联网消费金融业态，让消费金融面临新的机遇和挑战。

1.5.1 消费金融的三大核心驱动力

资金、场景、技术是推动消费金融业务快速发展的核心驱动力，影响着消费金融的业务模式和服务方式。

- 资金驱动的消费金融 1.0 时代：商业银行依托资金成本优势，围绕信用卡、个人消费贷款拓展线下消费金融市场。这个时期的特点是授信额度高、利率低、客户准入门槛高、风控严、申请流程烦琐且效率低。
- 场景驱动的消费金融 2.0 时代：拥有消费场景入口的电商平台和 3C 零售

企业具备真实消费场景，通过掌控的信息流和资金流与消费金融相结合，提供创新的类信用卡产品和无抵押的消费分期产品。这个时期的特点是场景与金融深度融合、客户体验好、客户流量大、产品迭代快，但场景内产品单一、同质化严重。

- ❑ 技术驱动的消费金融 3.0 时代：拥有人才、技术优势的电商平台将大数据分析、人工智能等技术运用在金融服务领域，提供快捷方便的消费金融服务的同时，又将低风险的资产导流给金融机构构建生态。这个时期的特点是数据化、自动化、智能风控重要性凸显，生态内各主体进行广泛合作。

而在这三大核心驱动力中，以风控技术为主的金融科技对消费金融的影响最为明显，正在改变互联网消费金融的形态、业务模式和生态。

1.5.2　金融科技正在重塑互联网消费金融

在科技驱动的"互联网+"时代，数字产业化和产业数字化进程开始加速，信息技术、大数据、云计算正在改变金融服务市场的格局，影响着消费金融的关键要素：用户、场景、资金、数据。在这一轮互联网消费金融崛起中，金融科技创新起到了关键的作用，特别是生物识别、大数据风控、人工智能和征信系统等方面的创新。

- ❑ 生物识别：金融科技创新可以针对不同的场景、账号或风险级别，让用户采用不同的验证方式，包括人脸识别、声纹识别和虹膜技术。特别是 2015 年行业头部平台支付宝首先使用了"刷脸"技术，在其带领下，人脸识别技术迅速在整个互联网消费金融领域得到广泛使用。目前，几乎所有的平台都在 App 身份认证环境中增加了这项生物识别技术，甚至各家 App 在登录上也使用了"刷脸"认证功能，在密码和指纹之后又增加了一道防护屏障，使得用户的信息和交易更安全。

- ❑ 大数据风控：其实金融行业最重要的问题就是控制风险，绝大部分互联网消费金融客户都是在线申请金融服务，但在线申请的客户相对来说风险比较大。互联网消费金融产品的额度基本在 1 万元以内，这就意味着用户一旦逾期，公司可采用的手段很有限。因为考虑到用户体验，前端用户申请的时候需要录入的信息比较少。如何基于这么少的数据和用户资料建设强大的线上风控体系和风控模型，并且能在几十秒内迅速解决风控定价和授信的问题呢？这是我们需要考虑的。答案是必须建立基于机器学习和神经网络的大数据风控模型，从而提高金融机构在用户画像、反欺诈和信用评级等方面的效率和风险控制能力。

❑ 人工智能：在数字生态中，对人的身份、行为、消费金融意愿的真实性识别要求越来越高。在消费金融行业的相关场景中，将机器学习、计算机视觉、自然语言处理、知识图谱这4项人工智能技术与消费金融业相结合，能为金融行业的各参与主体、各业务环节赋能，使未来的消费金融服务更具普惠性。以人工智能技术作为主要驱动力，推动了消费金融业的产品创新、流程再造、服务升级。人工智能在消费金融领域的应用如图1-9所示。

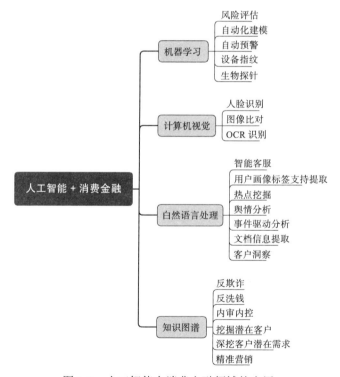

图1-9　人工智能在消费金融领域的应用

❑ 征信系统：在金融科技推动创新的数字化时代，用户的信用数据不再局限在某个封闭体系的单维度指标，而是完全可以量化并且通行于全社会的多维度数据。技术丰富了信用体系的数据维度，使得用户的社交、喜好等行为数据全部被记录并且被量化，从而使用户画像更加完整且详细。征信技术也扩大了信用服务半径，传统的央行征信数据主要是用户的债务数据，仅包括用户历史信贷交易数据，而现在的数据多维度，有助于公司实时判断用户风险。技术同时拓宽了信用服务的覆盖范围，使互联网消费金融产品触达传统金融机构未能有效覆盖的低收入群体，特别是没有央行征信记录的长尾群体。

纵观近几年消费金融行业的发展，金融科技已经成为消费金融行业核心驱动力，正推动着互联网消费金融全面改变。

❑ 从过去的粗放经营向数据驱动的精细化经营转变，更注重用户体验。

❑ 从过去的以产品和账户为中心向以客户为中心转变。

❑ 从过去同质化的封闭业务体系向开放的生态体系转变。而生态的价值在于业务闭环。在互联网金融的下半场，各参与主体对接蕴含着丰富内容的高频场景，争夺交易流量，通过综合评估用户消费、信贷以及金融服务能力沉淀用户。

当然，金融科技的快速发展离不开核心要素——人才，金融科技的竞争实质上是人才的竞争，包括对数据科学家、数据工程师、风险模型专家、欺诈分析专家、风控数据决策分析专家、数据建模专家、资深软件架构师、产品经理、运营质量专家等科技与业务结合的复合型人才的争夺。

第 2 章 | C H A P T E R

重新定义客户旅程

客户旅程描述了一段时期内客户在使用产品或者服务时的体验，是通过可视化的方式从客户的角度来表现其和产品 / 组织 / 服务互动的过程，即连续时间内客户与多个触点互动的完整故事。

在数字化时代，客户可以通过互联网随时、随地、按需使用互联网消费金融服务，导致客户触点呈爆发式增长。单一触点的交互已经无法反映客户体验的真实水平。客户旅程正成为企业提供实时、千人千面的高质量客户体验的主线和基石。客户旅程不仅是研究和设计产品的辅助工具，还是数字化时代贯穿于企业战略转型、文化建设、体验设计交付、测量等各环节的运营模式和框架。一些真正以客户为中心的公司使用新的方法、工具、流程，使客户体验旅程呈现方式更加完整、清晰直观，展现了所有的客户痛点和产品机会点，有助于利益相关者沿着正确的方向讨论。一些优秀的公司会像管理产品一样管理客户旅程，不是仅跟随客户，而是根据需要塑造和引领客户，以期获得竞争优势。

麦肯锡的 David C. Edelman 和 Marc Singer 曾提出，一个成功的客户旅程需要具备自动化（automation）、个性化（personalization）、场景化交互（context interaction）、旅程创新（journey innovation）4 项能力。

    ❑ 自动化：不仅是营销的自动化，更是在消费者决策流程的第一个环节上实现服务的自动化，让客户自然地体验产品或服务。比如在消费金融产品的借款流程中，注册、登录、授信申请对用户来说都是多余的，因此可以在借款申请过程中自动完成这些步骤，将借款以前繁杂的步骤变成简单、互动式的流水线。

❑ 个性化：为每一个客户打造定制化体验。根据消费金融生态已有的信息制定千人千面的交互过程，如通过 OCR 自动识别、自动显示或跳过已经核实的实名认证信息和资料以减少客户操作，提升客户体验。

❑ 场景化交互：与客户互动并安排好适当的顺序。比如消费金融机构需要根据消费场景方提供的信息、公共信息、生态可自动化获取的信息来完成实时放款，而不是引导客户先进行注册、登录、授信申请、借款申请等一长串烦琐的操作。而这个过程也从侧面反映了平台生态的必要性，单一主体很难服务好所有客群。

❑ 旅程创新：改进和拓展客户旅程并培养客户忠诚度。分析客户需求以发现拓展客户关系的机会，以最低的成本高效地验证商业模式，通过 MVP 和 A/B 测试思想提升交付价值。

自 2014 年以来，人们对客户体验和客户旅程的关注度显著提升。虽然大部分人还不清楚客户体验和客户旅程的真正含义，但这丝毫不影响大家讨论和探索它们。在数字化时代，我们能够通过数字化的方式重新定义客户旅程，解决客户数据流动性的问题。通过数字化重构客户旅程是金融机构实现数字化转型的基础，这就需要以实际需求为导向，从完整商业模式的视角来看待客户旅程，而不是只关注一个技术或者功能点。重新定义客户旅程关乎企业数字化转型的成败。金融机构需要重新定义客户价值主张（Customer Value Proposition）、增值过程、数字生态下的合作方式和资源整合等，而不是孤立地改变某些交互流程或者调整局部的功能。金融机构价值关系网如图 2-1 所示。

商业金融模式的本质是金融机构整合资金、技术、人才、运营等可以掌控或影响的资源，通过触达客户的场景、渠道来为最终客户提供产品或服务，以获取某种价值，形成业务闭环并能够或有潜力自负盈亏。在整个价值关系网中，客户是商业金融模式的基础。企业了解客户并制定策略赢得客户，就已经成功一半了。

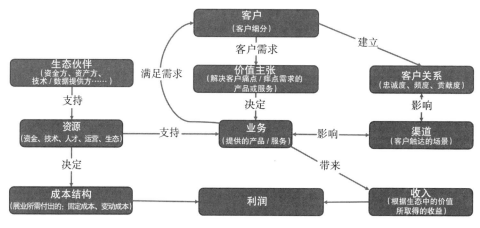

图 2-1　金融机构价值关系网

2.1　客户旅程

客户旅程（Customer Journey）是客户了解、考虑和评估并决定购买新产品和服务的过程。客户旅程主要包括品牌认知、业务评估和决策购买 3 个阶段。品牌认知阶段是客户意识到自身所面临的问题的阶段，业务评估阶段是客户定义问题并研究解决问题的方法的阶段，决策购买阶段是客户选择相应的产品或服务的阶段。

2.1.1　客户旅程的概念

客户旅程讲述了用户经历的故事：从初次接触，形成契约，到进入一个长期合作关系。它可以关注故事中特定的部分，抑或给出一个完整体验的全貌。客户旅程要确定用户与组织的关键交互行为，描述用户的感受、动机以及用户在每一次点击时遇到的问题。

2.1.2　为什么需要客户旅程

在数字化时代，市场变革加快、金融模式不断创新、新兴技术快速发展，金融科技影响着消费金融的关键要素——用户、场景、资金、数据，而这其中用户是核心（如图 2-2 所示）。在数字化时代，客户拥有更多的选择，其消费金融需求一旦习惯被超预期满足，就很难回到过去，这倒逼着企业在客户服务方式、流程、体验上进行持续创新。在数字化时代，企业必须具备快速迭代能力和试错能力，要以最快的速度推出 MVP（最小化可行产品），保持与用户互动，通过用户的使用行为来检验设想是否正确，并通过客户旅程分析问题，以此开始下一轮迭代优化。企业既要能对外提供数字化服务，又要能加强自身的数字化能力。

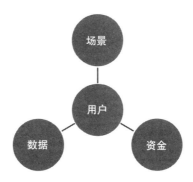

图 2-2 以用户为中心提供服务

在"没有谁比智能手机更了解用户"的时代，金融服务提供方需要跳出以产品、账户、交易为核心的客户服务体系，有针对性地收集场景数据，深入了解客户，并重新定义互联网消费金融的服务对象和经营思维；通过业务数据化构建互联网用户体系和客户旅程，把客户旅程的核心指标作为北极星指标指导营销运营、客户管理、风险控制、成本控制、发现商业机会等经营活动；通过金融科技以智能化方式提供统一、准确、完备、实时的用户体验，以便更好地服务客户。

数字化客户旅程可以从全视角量化一切，那么需要在什么时间点开始实施客户旅程呢？

❏ 当产品处于概念阶段，需要以客户为中心的视角定义一种创新的观点时。

❏ 当需要改进产品端到端的客户体验时。

❏ 当公司、渠道合作伙伴和客户期望不匹配时。

❏ 当组织需要改革时。

企业能否将客户旅程有效地映射到企业的生态战略布局上，将成为未来企业客户体验管理成败的关键。

2.1.3　金融客户旅程的发展

如果要用一句话概括金融客户旅程的发展历程，那就是"金融机构从以物理网点和分行为服务主体的**坐贾模式**，转变为数字化时代场景嵌入的**行商模式**"。这样的转变是多方面因素推动的，既有新技术的出现降低了金融机构的服务成本，也有客户被服务意识的觉醒等。

智能手机推动了移动互联网的快速发展，扩展了客户使用金融服务的时间与地点。在互联网技术和人工智能技术推动下，95% 以上的零售金融业务可以通过数字化服务形式呈现，完全不需要到实体营运网点操作。在这样的背景下，建立完整的数字化客户旅程，通过全方位了解客户进而做到全方位服务客户至关重要，这需要做到如下几点。

1）在获客阶段，注重场景嵌入、渠道推广、活动运营，建立全渠道一致的数字化获客入口，并优化 App、小程序、社交媒体、搜索、短视频等客户关键接触点，这一阶段的核心内容是提高客户的活跃度，关注 DAU（日活跃用户数）、MAU（月活跃用户数）等指标。

2）在客户留存阶段，跨渠道全流程优化客户体验是提高客户留存的重要手段，而建立权益体系则是关键。如 2019 年年底苏宁金融、马上消费金融等机构推出的会员体系，就是基于客户价值驱动的客户体验重塑，旨在通过增强客户安全感和客户黏性来提高留存率。

3）在获取收益阶段，通过智能营销、智能推荐等手段提高金融产品交叉销售额，提升客户交易频次和活跃度。

4）在自传播阶段，借助社交工具让用户将感觉不错的产品推荐给身边的人，或者通过信用分、额度等激励机制，鼓励用户分享到朋友圈，或者通过持续的运动积分在增强用户黏性的同时加深对客户的了解，避免客户流失。

2.2　互联网消费金融客户旅程

具有创新精神的金融机构为了构建成功的客户旅程，对组织架构进行了调整，建立了由 IT、分析、运营、市场和其他职能专家组成的敏捷团队，不断进行快速测试和迭代改进。越来越多的营销人员和客户体验专业人士正在寻找最佳的客户旅程分析平台，以便在详细了解客户后与客户充分互动。通过实时分析数据点，发现最重要的客户旅程，并优先考虑那些显著影响业务目标的机会，如增加收入、减少客户流失和改善客户体验。一个典型的消费信贷客户旅程如图 2-3 所示。

　　按照客户操作场景的不同，客户旅程可以分成获客、注册 / 登录、申请 + 审核、借款、还款 5 个阶段。当然在实操中还款并不代表结束，还有贷后催收相关环节，这里仅以客户主动参与的 5 个阶段为例来介绍。

- ❑ **获客阶段**：客户可能通过活动参与、朋友圈消息、爆款软文、App 推广、朋友推荐或搜索等方式与金融机构接触。客户可能因为借款免息而产生后续的操作，也可能因为犹豫产品是否适合自己而流失。这个阶段可以通过之前对客户的分析，提供个性化的展示（如大额、秒到账等）吸引客户。

- ❑ **注册 / 登录**：这一阶段的操作需要客户提供隐私信息，做得不好会直接导致客户流失。比如，若采用邮件注册，万一邮件被当作垃圾邮件过滤掉，客户就收不到验证码，所以不如采用简单直接的短信验证码或者微信、支付宝关联登录，用户体验会好很多。减少独立注册环节，比如通过手机号一键登录或在业务管理过程中隐式进行客户的注册和登录。

- ❑ **申请 + 审核**：用户申请需要进行弱实名认证（身份证、姓名）、强实名认证（银行卡认证 4 要素或 5 要素）、活体检测、补充个人信息等繁杂的操作。每一步操作都可能因为资料不齐或操作复杂等原因导致客户流失。这一阶段可以通过场景信息复用或 OCR 辅助等手段减少手动输入，提前提醒客户准备信息清单，改善客户体验，以此提高转化。

- ❑ **借款**：客户对资金的渴求度、未来收入等与金融机构提供的额度、定价、期限等不能完全匹配，从而导致客户流失。这一阶段比较好的做法是通过免息券、自定义额度 / 期限 / 划款、会员制、为客户提供主动提额通道等方式来提高客户黏性和转化率。

- ❑ **还款**：客户可能因为绑定卡余额不足、还款提醒不到位等还款失败，所以需要通过健全还款提醒、简化还款操作、提供最小还款额度等方式来提高还款成功率，并通过运动积分减息等方式提高客户的交互频率、增强对客户的了解。

阶段	获客	注册/登录	申请+审核	借款	还款
行为	活动参与；媒体/社交消息浏览；软文/广告浏览；搜索；推荐	输入手机号注册；本机号码一键注册；微信/支付宝关联注册；短信登录；密码登录	身份证实名认证；X要素认证；人脸识别；补充信息；提交审核	选择期限、额度；还款计划试算；还款设置；补充信息；提交审核	还款提醒；查看还款计划；选择账单&还款；换绑卡还款；修改还款计划
情感	☺发现一个借款的活动免息？	☺注册成功，不知道能借到多少	☹还要这么多资料！	☺额度够用，还可以个性化！	☺利率低，还可以个性化还款，棒棒的 ☺还款没提醒，没短信提醒，逾期了，伤心！
想法	不知道说的是什么，不适合我！快不大额，利息低，花的久啊！不知道能不能秒到账！急需啊！	注册好频繁！这么多用户密码怎么记得住！为什么要注册和我借钱有啥关系？	这么多信息还要准备好资料！还没看到能借多少就让我填这么多资料！	还款说得这么复杂，能简简单单告诉差别不？咋没人能自己设置还款呢？我的收入不稳定呀！	这个月没钱可以延期不？这个月可以多还一点不？我的钱都在微信、支付宝，支付宝！
机会	1.覆盖多客群，千人千面个性化展示 2.软文故事打动用户 3.更多用户触达机会	1.关联登录表示注册 2.注册与业务办理集成 3.手机号一键登录	1.验证，扫描不用手写 2.联合场景减少重复输入 3.千人千面、个性化资料提交	1.自定义额度、期限、还款 2.被信任定制的感觉、优惠 3.会员制客户分级	1.运动健康减少利息（促活保持年薪）2.支持个性化定制还款 3.支持主动证明、展期

图 2-3 一个典型的消费信贷客户旅程

客户旅程的建立是需要分析检查机制的。知名分析公司 Forrester 对客户旅程分析的定义是："一种分析实践，它结合了定量和定性数据，以便分析客户行为和跨接触点的动机，并随着时间的推移优化客户交互、预测用户未来行为。"

客户旅程分析需要做到如下几点。

❑ 旅程发现。在客户旅程设计环节，除了加入 PRD（Product Requirement Document，产品需求文档）外，还需要加入 DRD（Data Requirement Document，数据需求文档），以重点描述数据相关的需求和变更，将数据驱动落到实处，即通过数据埋点了解并传达客户的实际旅程，通过客户使用产品时交互的数据对用户行为进行细分、量化。

❑ 分析跨渠道、产品、交易、时间等维度的客户行为数据，发现客群特征，为客群提供跨渠道互动的路径和千人千面产品体验，从而改善旅程。

❑ 通过数据指标衡量客户行为对 KPI 的影响（例如活跃度、交易、收入、客户贡献价值、客户流失等）。

有趣的是，2014 年 4G 开始商用后，**客户体验**这个关键词的搜索指数也在逐年上升，如图 2-4 所示。在金融机构数字化转型推动下，随着 5G 时代的到来，未来三到五年客户旅程将如何重构，是我们需要探索的问题。

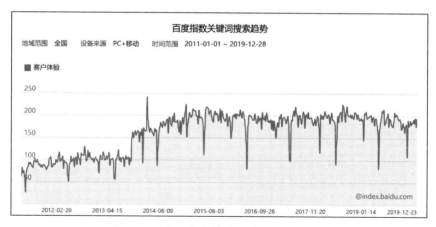

图 2-4　百度"客户体验"关键词搜索指数

2.3　客户体验旅程

与传统信贷服务相比，互联网消费金融产品更应关注产品体验，如图 2-5 所示。互联网信贷产品存在逆向选择问题，越优质的用户越忍受不了糟糕的产品体验。我们需要考虑客户体验产品过程中的完整旅程，包括每个阶段的服务，客户在使用产品过程中所做的事情和感受，用户和产品 / 服务交互的每个节点，用户的期望是什么……探索实际体验和期望的差异，使后续产品优化和转化工作更有针对性。

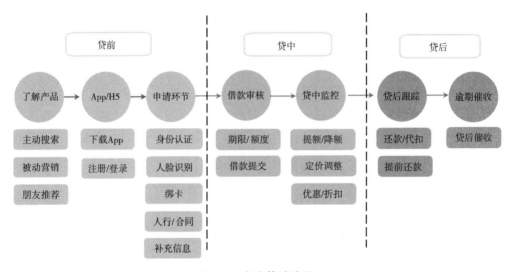

图 2-5　客户体验旅程

在合适的时间点提供正确的信息，以便在整个过程中为潜在客户提供帮助。

1. 用户场景
- 有明确借贷需求的用户：用户倾向性强，会认真、耐心地填写和上传各类资料，不会太在意产品的体验、申请的时长和平台比较烦琐的要求。
- 无具体目标的用户：用户选择范围多，比较在意产品体验、申请流程、平台给予的借款额度和定价，希望可以尽快放款。

2. 用户类型
- 资质好：有较多选择，除当前平台外已经有较高借款额度，并不太在意是否通过申请，只希望申请过程简单、快捷，对客户数据和资料安全较敏感，关注平台条款、额度、利率和期限。

❑ 资质差：不在意产品体验，只在意是否能拿到额度，不清楚平台显示的利率（比如万分之五）对于自己来说具体是高还是低。

2.3.1　贷前

无论是日常消费还是办事，借钱对于普通客户来说已经是稀松平常的事，过去银行排长队、复杂的申请流程对于每个借钱人都是比较糟糕的体验。在当今移动互联网时代，客户仅需要通过手机下载消费金融产品的 App，10 分钟左右就能完成申请流程。

1. 了解产品

❑ 主动搜索：客户主动搜索借贷产品的时候对资金的渴求度是比较高的，主要搜索途径是搜索引擎、贷款超市和应用市场。客户此时更关心产品是否适合自己，平台能否给出大额、利息低、期限高的借款，是否可以秒到账。

被动营销：平台去主动营销客户，最完美的莫过于正有借款需求的客户恰好看到平台推送的广告，并且在多个信息流平台接二连三看到同一家平台的产品，同时简单直接的产品介绍和信息展示或者视频和文字故事深深打动了客户，让客户产生下载和申请借款的欲望。

朋友推荐：平台奖励政策和体验式服务深入人心，让老客户主动向自己的熟人传播和推荐产品。

2. 下载 App 或使用 H5

从完整客户体验旅程来看，H5 或小程序的体验效果大多不如 App，当然个别"国民级"平台下的产品的客户体验还是挺好的，比如支付宝生活号平台的借贷产品，从客户角度来看与独立的 App 区别并不大。

下载 App 的客户更关注的是注册环节不要太烦琐，不愿意再多记任何 App 的用户名和密码，最好使用手机号、微信或支付宝账号一键登录。

3. 申请环节

申请贷款是花费客户时间最长的环节，客户在意需要提供多少信息，特别是涉及一些隐私的资料或证件，比如身份证、银行卡等信息。他们还希望减少手工输入项和重复输入。

对于客户来说，其对银行卡和身份证信息很敏感，一旦完成绑卡任务，后续配合意愿和转化率会较高。当然，客户希望先看到平台审批通过的额度和利率信息，再完成绑卡和身份证拍照动作的后续提额任务。

2.3.2　贷中

客户为什么需要借贷？大部分客户其实并不是没有钱，而是现金流与使用周期不匹配。这时，客户需要立即能借到钱，互联网消费产品是这批客群的刚需产品。下面介绍在贷中如何提高客户体验。

- ❑ 循环可用的授信额度：不用反复申请，而且可以根据客户的资信情况定期更新客户的信用数据，调整额度。
- ❑ 灵活的还款计划：客户可以根据自己的资金回流周期，选择借款的期限，甚至可以随借随还。当然，有长期限的产品会给予客户更多的选择。
- ❑ 利率：越优质的用户对于利率越敏感，合理地对风险定价会提高用户的转化率。

贷中环节，提高额度、降低费率和发放优惠券会明显提高客户的黏性，客户也会觉得自己受到了平台的重视。

2.3.3　贷后

客户希望在还款前两三天收到提醒服务，或者每个月的还款可以自动完成。因为平台服务而导致客户还款逾期是比较难容忍的，这会影响个人征信记录。

客户可以定制个性化还款方案，比如延期、展期、随借随还等。

2.4　客户旅程中的产品

消费金融产品场景化，是指在具体的消费场景中嵌入金融服务，让金融服务在客户消费过程中自然而然地发生。行业发展让 3C、租房、家装、医美、旅游、教育等成为创新场景，然而对实质场景风险的把控让各家提供消费金融产品的公司不寒而栗。近几年，租房、医美等场景陆续出问题，特别是 2019 年下半年教育行业的韦博英语的倒闭让整个场景分期成为行业讨论的热点。

客户端产品分类如图 2-6 所示。资金端具体是联合贷款还是助贷，客户并不关心，客户关心的是能否快速方便地拿到钱，并不想了解实际的借款机构分类。

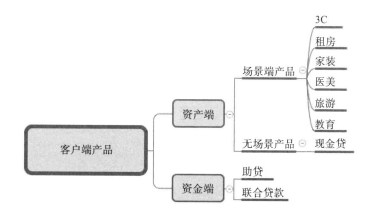

图 2-6　客户端产品分类

2.4.1　场景端产品

拓展消费金融场景成为行业内产品创新点。从现金贷向消费场景分期转型成为消费金融产品，已成为行业共识，因此拓展消费场景成为不少平台转型的抓手。

在各种场景中，食品烟酒、交通和通信、衣着等均为小额高频场景。金额小，贷款的必要性也低，支付属性强于分期属性。对于这部分场景，我们只能通过先支付、后账单分期的方式来做。市场蛋糕基本被信用卡和少数带有免息期的支付工具组合等占据。

在此背景下，耐用品消费（手机、家电等）、居住、教育、医疗等大额低频场景，成为各家消费金融机构争抢的对象。

大额低频场景又可分为两种。

❑ 耐用品消费，如手机等 3C 产品、电视机等大家电、汽车等。

❑ 服务性消费，如租房、教育、医疗、旅游等。

耐用品消费是过去几年消费金融机构的主要分期场景：无论是蚂蚁花呗、苏宁任性付等电商系消费金融产品，还是各家消费金融机构的线上分期平台，

3C 产品都是重要的主角。不过耐用品除非再次出现类似的手机从功能机向智能手机的产品变革性升级，否则用户消费的增长潜力将趋近天花板。在这个背景下，消费金融机构发力教育、租房、旅游、装修等服务性消费场景，便显得顺理成章。

不过，服务性场景分期并不好做，场景方的风险无法控制。除了自带场景的平台，与场景方合作的平台基本没有能力去控制风险。

2.4.2 无场景现金贷

现金贷是现金贷款业务的简称，是一种授予自然人无担保、无抵押的信用贷款，借款方式和还款方式灵活方便，审批及时，到账快速。2017 年 12 月，互联网金融风险专项整治、P2P 网贷风险专项整治工作领导小组办公室下发《关于规范整顿"现金贷"业务的通知》，其中定义现金贷的特征为"无场景依托、无指定用途、无客群体限定、无抵押"。这是我国首个对现金贷的权威定义。

广义现金贷指的是现金借贷产品，产品额度、利率和期限的跨度较大，用户可以选择分期还款，还款期限多集中在 3 ～ 12 个月。该产品主要包括蚂蚁借呗、腾讯微粒贷、京东金条等，参与机构类别主要包含银行、消费金融机构和互联网平台等。

狭义现金贷，即最近被广泛讨论的类似于欧美 paydayloan（发薪日贷款）的借贷产品。该类借款产品多以小额、短期、高利率为主要特征，产品额度主要集中在 500 元～ 5000 元，期限为 7 天～ 1 个月，除个别头部公司持有互联网小贷牌照外，其他主要参与者多为无牌照的互联网公司。2019 年 10 月 21 日，《关于办理非法放贷刑事案件若干问题的意见》文件正式实施后，这类现金贷产品在市场上基本绝迹。

现金贷的本质还是借贷，不管是传统银行还是互金公司，其产品的本质是不变的。互联网公司的现金贷业务其实就是服务业，是一个金融中介平台和信息服务平台。

1. 交易结构

客户来申请现金贷产品，主要分为 3 个阶段：借款申请、借款审批和放款还款环节，如图 2-7 所示。

- 借款申请：客户提交申请信息后，系统后台根据用户绑卡、人面识别等数据，请求该用户的人行征信等三方征信数据。
- 借款审核：现金贷产品在借款审核环节运行的是后台风控体系。绝大多数平台采取系统实时自动审核的方式进行处理，部分单子可能会走人工审批环节，通常会结合客服的电话回访或对联系人的确认环节一并完成。根据风控流程和反欺诈流程，确认客户的该笔借款申请是审核通过、审核拒绝，还是转人工审核处理。
- 放款还款：通过审核后将进入放款环节，利用三方支付平台的实时代扣接口实现，快则 1 分钟内客户即可收到放款资金。主动还款需要用户重新登录到产品中，以支付方式完成还款。自动还款功能是在用户的配合设置下，通过三方支付的代扣接口实现。

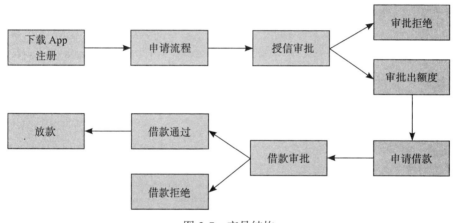

图 2-7　交易结构

下面根据一款主流的现金贷产品来体验一下客户从注册开始到借款完成的流程。

（1）下载 App 和注册

下载和注册比较简单，也比较人性化，不需要设置登录密码，每次输入短信验证码就可以，如图 2-8 所示。

（2）申请流程

- 设置交易密码：6 位数字密码同银行卡密码设置策略一致。
- 人脸识别：活体校验，采用第三方 SDK，如图 2-9 所示。目前，腾讯、阿里都在发展该技术。

图 2-8　客户注册

图 2-9　人脸识别

❑ 身份证认证

身份证正反面拍照和识别，此环节需要完成 3 件事：第一，认证申请人身份真伪；第二，留存申请人的身份证照片资料；第三，证明身份证原件在申请人手上。

❑ 绑卡

绑卡是客户申请环节最核心的步骤，客户需要输入办理银行卡时预留手机号收到的验证码，并进行 4 要素认证，这也是反欺诈的重要环节，如图 2-10 所示。

图 2-10　绑卡

❏ 激活授信

所有申请步骤比较简单，易用性好。完成申请后系统自动发红包，用户可以把红包分享给好友，这与"饿了么"之类的 App 采用的是同一种裂变套路。授信额度计算过程中，用户可以分享礼包给好友，还可以请好友助力提高额度。

（3）授信审批

审批时，系统自动进入风控流程，可能会查人行征信、第三方征信、名单，然后基于这些数据加工成风控变量。不同的客群在自动风控审批中走不同风险决策流程，每个决策流程都可能会被拒绝。

小部分用户会进行人工审批环节，所有的风控流程走完，系统会评估出用户的风险等级并制定额度。一般，成熟的风险决策时长在 1 分钟左右，比较优秀的消费金融产品在 30 秒内就会得出决策结果。

（4）申请借款

大部分平台授信时间比较短，有些比较优秀的产品授信时间仅需要 10 ～ 20 秒，接着就会通知客户授信结果。通过授信的客户可以直接在授信额度内借款。比较常见的计息方式有两种：等额等息和等本等息，如图 2-11 所示。

（5）借款审批

用户申请提现后，风控系统会进行最后的放款环节，需要核一下名单系统和一些通用的策略，通过率接近 100%。如果授信的时间和提现的时间间隔超过

30天，用户的资质可能会发生比较大的变化，则还需要重新获取部分三方数据并重新做决策。

图 2-11　申请借款

（6）放款

打款到客户绑定的银行卡中，不同的银行卡经过资金路由走不同的支付通道，可降低支付手续费和提高支付成功率。

2. 业务剖析

现金贷的发展过程中出现了超利贷、套路贷、非法获取用户数据、暴力催收等一系列问题。现金贷趁着监管的空白，借由互联网的发展、广大传统银行无法覆盖到的金融需求而崛起，又因大量借款人逾期而陷入危机。普惠金融是很多平台做现金贷的初衷。中国有80%的信用空白人群，他们没有信用卡，也没有办法享受银行提供的其他金融服务。但借贷的刚需市场一直存在。

随着消费金融的发展，以现金贷为代表的产品在未来仍有广阔的发展空间。在实践中，客户分类、市场获客、产品细分、业务流程和风险控制等方面表现出不同问题。现金贷产品在快速满足客户金融需求的同时，在多头借贷和数据合规方面产生的风险和问题有待规范。

目前，消费金融的供给仍显不足，特别是在一轮消费金融行业创新后的强监管下，大量创新型产品因为合规问题而退出，还有大规模的长尾客户需要现金贷产品来满足需求。如何更好地服务信贷短缺层（如图 2-12 所示），将是各家金融机构下一步创新的重点。

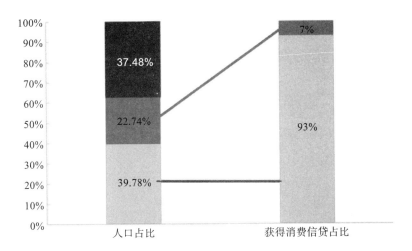

图 2-12　信贷短缺层（来源于蚂蚁金服）

在互联网金融平台记录未完全纳入征信系统、中小消费金融平台信息共享不足的情况下，消费金融特别是现金贷产品中多头借贷的现象严重。一般来说，借贷人出现了多头借贷的情况，说明该借贷人资金供给出现了较大困难，其还款能力和还款意愿都值得质疑。在实践中，由于征信体系不完善以及竞争的加剧，不同机构在发放现金贷过程中存在对同一客户多头授信、过度授信的情况，导致资金供给超过了客户的真实资金需求，并且资金流向不透明，甚至流向高风险领域。为按期履约，客户甚至采用"以贷还贷"的方式，导致风险不断积累。

2019 年 9 月以来，接连不断有相关的互联网消费金融公司被警方调查。这将引发大数据行业的洗牌，消费金融业将面临数据获取成本提高、过度依赖人行征信的数据等问题，比较考验金融机构风控能力。随着数据的合规化和对客户数据的保护力度加大，整个行业将迈入一个新的发展阶段。

2.4.3　助贷

助贷的基本定义是通过自有系统或渠道筛选目标客群，完成自有风控流程后，将优质的客户输送给银行等机构终审，再完成发放贷款的业务模式。助贷机构一般为持有网络小贷牌照或者非持牌的互联网公司、金融科技公司等。

助贷业务的核心是协同处理好客户流、资金流、风险控制 3 个方面。根据助贷机构主要参与和承担角色划分，助贷业务模式可以对应分为客户支持型助贷、资金支持型助贷和风控支持型助贷等多种模式。这些模式中通常还会引入第三方担保，如信用保险机构或融资担保公司进行担保和增信，进一步缓释金融机构承担的贷款风险。

在业务流程中，助贷机构仅限于提供导流、身份审核、初步风控、贷后管理等部分或全部环节，并且对借款资料的真实性和完整性承担管理职责，主要靠收取平台费用等相关服务费用盈利。而金融机构是贷款业务的放贷主体，主要职责除了提供资金，还需要把控整个流程的风险管理，包括贷前调查、贷中审核和贷后管理工作。与联合放贷模式类似，金融机构需具备开展互联网金融业务的风控能力，并且信贷链条中的核心风控环节不能外包给第三方公司。

1. 交易结构

金融机构挑选助贷机构主要以股东背景、风控能力、资产规模、资产定价和资产质量为考量因素。助贷机构核心要解决金融机构客户规模小和风控能力不足的问题。在业务开展过程中，助贷机构可以参与到金融机构贷前、贷中和贷后的风控管理中，如贷前负责获客、数据收集、授信决策和风险管理模型构建，贷后负责或协助贷后管理、风险监测、贷后催收等。授信决策最终由金融机构给出，即风控管理的主导权掌握在金融机构手中，助贷机构起辅助作用。助贷业务交易结构如图 2-13 所示。

在贷前环节，助贷机构负责获客，通过积累的历史数据和客户行为数据，向第三方数据公司查询客户名单等数据，了解客户信用评级和画像等。助贷机构将通过审核的客户再发给金融机构走内控流程。

在贷中环节，助贷机构给予金融机构开展风险监控、定价、提额、冻结等工作支持，对已经授信的客户做放款前审核。

在贷后环节，助贷机构协助金融机构进行贷后管理，包括风险监测、催收、逾期、代偿等工作，以降低贷后管理成本、提高贷后管理效率。

2. 业务剖析

助贷业务是一个比较笼统的概念，实质是指第三方机构发挥自身的场景、数据、风控和科技等优势，协助金融机构进行客户筛选、信用评估、风险管控和贷后催收等工作，提高信贷服务的质量。近几年，助贷业务在互联网消费金融发展过程中起到了促进科技与金融融合、构建多层次广覆盖的信贷体系等积极作用。

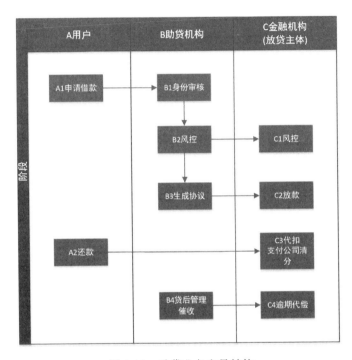

图 2-13　助贷业务交易结构

在行业的快速发展过程中，助贷业务在监管合规、客户数据安全保护等方面暴露出很多风险，如套路贷、暴力催收、客户数据收集不规范等问题。

在监管方面，助贷模式缺乏明确的政策指导和监管措施，可能会造成风险隐患的不断累积。

各类助贷机构的风控水平差异较大。风控环节薄弱的助贷机构容易将风险放大并转移至资金端，造成系统性金融风险。一些合作由助贷机构交纳保证金和引入担保机构对不良贷款进行兜底，但担保机构对风控能否做到实质的把控，一旦助贷机构倒闭或者产生大量不良贷款，担保机构能否全额赔付，这些都是未知的。如 2019 年 11 月 11 日，美利金融遭警方突击检查，业务暂停期间产生了大量资产逾期，与美利金融有助贷合作的金融机构资产无法正常逾期代偿，这类助贷平台后续可能会产生大量不良资产。因此，我们需要考虑如何规避助贷业务的各类风险。

2.4.4 联合贷款

监管部门对联合贷款的定义是：贷款人与合作机构基于共同的贷款条件和统一的借款合同，按约定比例出资，联合向符合条件的借款人发放的互联网贷款。联合贷款的合作机构是指在互联网贷款过程中，在联合贷款、客户营销、风险分担、风险数据等方面提供支持和进行合作的各类机构。

根据监管要求和实际业务开展情况，联合贷款的合作机构必须是金融机构，主要可分为两类，如图 2-14 所示。

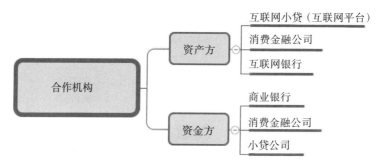

图 2-14　联合贷款合作机构

资产方以互联网头部平台背后的小贷平台为主，如微粒贷、京东金条、小米等联合贷款平台。持牌消费金融公司也逐渐在联合贷款业务上发力，助力区域性的商业银行通过联合贷款方式输出资产。

资金方一般以区域性的商业银行为主，如城市商业银行、农商行、村镇银行等。持牌消费金融公司既是资产方又是资金方，与互联网平台开展联合贷款业务、输出资金。

1. 交易结构

我们以用户参与的两个机构为例来介绍完整的交易结构，如图 2-15 所示。

B 机构作为资产方的牵头机构在联合贷款业务中起主导作用，并完成绝大部分工作。客户会登录 B 机构提供的 App 或 H5 网页申请贷款，B 机构负责筛选目标客群。

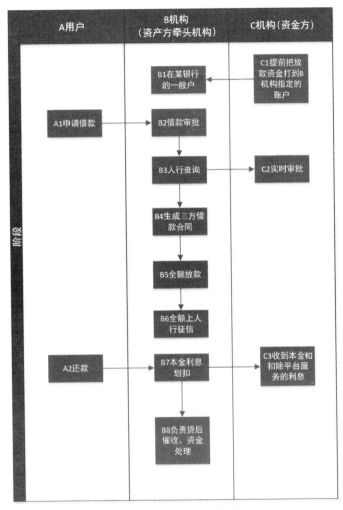

图 2-15　联合贷款交易结构

　　客户申请贷款后，C 机构作为资金方可以用两种方式参与风控，一种是在
B 机构的风控引擎中部署前置用户筛选规则和风控模型，另一种是要求 B 机构
在风控环节调用 C 机构的风控 API。在客户风控环节，B 机构作为主导方，对
C 机构的授信审批时效和审批通过率会有量化的要求。

　　人行征信查询和上报是交易结构中重要的一环。B 机构通常会要求 C 机构不查询和不报人行征信，自己全盘负责，导致在业务开展过程中会遇到一些实际困难，一是各地监管部门对人行征信有具体的要求，二是部分C机构对人行征信差异化处理，三是部分C机构要求联合贷款的牵头方和自身分别上报实际借款比例，但绝大部分客户不会感知到给自己放款的是不同的两家金融机构，更不知道对于自己的一笔借款，人行征信中会有两笔征信记录。这样可能会影响用户体验，进而引起投诉。

B机构负责业务清分和结算工作，负责一系列的客户服务，包括后续的贷后检查和催收工作。

C机构作为联合贷款的资金方，实际工作并不多。部分区域性商业银行自身科技能力和风控能力较弱，在客户服务方面基本依赖B机构，在风控方面最多查询一下名单系统和简单的人行征信策略。

2. 业务剖析

在联合贷款业务中，基本上是一家机构负责获客、贷前初审、贷款管理和催收，合作持牌机构自主决策并在独立签署合同的基础上参与放款。联合贷款集多家机构之力，优势互补，降低成本，为普惠金融提供新的解决方案，也助力金融机构的科技和风控能力迈上新的台阶。

（1）联合贷款的优势

目前，大部分持牌金融机构开展小额消费金融业务在获客、风控和运营方面存在难题，导致综合成本和借贷风险很难降下来。而联合贷款让擅长获客的机构去获客、擅长风控的机构去做风控、吸储能力强的机构多提供资金、擅于运营的机构做客户运营。

金融机构参与联合贷款可以助力自身实现科技转型。全国性商业银行通过对科技和风控的长期投入可以独立实现转型，而地方区域性商业银行由于在运营和风控领域很难靠自己进行科技和数字化转型，可以借助联合贷款业务，在开放发展中完成蜕变。

（2）存在的风险

❑ 监管冲突：联合贷款创新的业务模式与现有监管体系不符，特别是针对区域性商业银行跨区域经营联合贷款中放款占比、互联网贷款占商业银行总贷款的比例等限制条件。作为资金方的商业银行在整个信贷环节过度依赖资产方，核心风控环节的控制力度等应引起监管机构的重视。

❏ 速度过快、规模过大：以互联网平台为代表的场景方凭借庞大的用户流量，借助白名单筛选并训练出较为成熟的风控模型。在流量和优质客群的基础上，以微粒贷为代表的巨头与金融机构合作，加快了放款速度，将风控环节沉淀在各家联合放贷的金融机构。而金融与风险共生，业务效率的提升需风控能力的提升来中和约束，否则效率越高，隐患越大。

2.5　如何在客户旅程中分析客户

互联网消费金融兴起后，随着产品的创新，消费行为也随之升级，用户体验越来越受到重视。为了让产品及服务更贴合用户行为习惯，我们必须重视用户的行为习惯和用户画像。

客户分析的大致过程为：首先进行用户分层，然后针对不同层级的用户建立用户画像，最后在已有数据基础上进行用户分析。

2.5.1　什么是用户分层

用户分层的本质是根据用户特征、用户行为等对用户进行细分。用户在 App 操作上会产生差异，比如注册、认证、申请、授信和借款等行为动作，而用户特征的差异会导致用户诉求和需求个性化，因此我们在运营中无法使用一套方案来满足所有用户的需求，需要分层次来满足不同的用户。

1. 用户分层

用户分层的方式有很多种，简单的有二八分层，常见的有用户质量、用户价值金字塔、用户生命周期和 AARRR 模型，复杂的用户分层需要使用比较流行的 RFM 模型。

用户分层的核心意义在于帮助运营人员更好地梳理用户所处的业务流程状态，运营过程中针对不同层次的用户制定不同的运营策略。采用哪种分层方式没有固定的要求，这需要根据我们的业务场景、产品形态和流程来定义。

对用户进行群组划分的方法，即通过分析用户在产品上留下的数据（比如注册、登录、申请、绑卡、授信通过、借款、还款），根据不同的分层定义将用户划分成不同的层级，从而挖掘用户的潜在需求并激发用户的价值，把用户价值转化为企业收益。

2. 分层中关注核心指标

关注核心业务指标能够帮助我们从众多纷繁的数据指标中找到影响核心业务指标的关键转化环节和数据。

从业务维度上分析，互联网行业主流的产品可以简单划分为流量型业务和收入型业务。流量型业务更关心用户日活、月活等数据，如登录数据、活跃用户数、活跃天数、时间等。收入型业务则更关注付费转化数据，比如对于消费金融业务而言，付费转化数据包括申请授信数据、授信通过数据、借款数据、复借数据、还款数据等。

用户分层一般呈金字塔形，上下层之间呈递进依赖关系，如图 2-16 所示。从用户注册开始到用户最终交易期间，每一层用户都是不断流失的。相比其他行业的 App 而言，消费金融 App 的新用户转化率较高，因为下载消费金融 App 的用户借款意愿是比较强烈的，所以打开 App 的频率、后续业务流程的转化率都相对较高。

图 2-16　用户金字塔

2.5.2　利用 RFM+R 模型进行用户分层

如图 2-17 所示，RFM 模型是一个被广泛使用的客户关系分析模型，主要以用户行为来区分客户。R、F、M 分别代表 Recency（最近一次消费）、Frequency（消费频率）和 Monetary（消费金额）。为什么在 RFM 后面还有个 R 呢？这里考虑到了互联网消费金融行业的特殊性，即 Repayment（还款情况）。

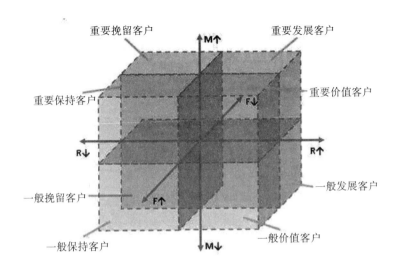

图 2-17　RFM 模型

不是说所有的客户都是高价值用户，给用户提供消费信贷服务后，首先需要考虑用户的质量，用户需要有还款能力和还款意愿，所以这里考虑了用户的还款情况。通常来说，有过资产表现的用户，特别是已经正常还款三期以上或者已经结清欠款的用户，都是相对优质的用户。

1. 客户关系

RFM+R 模型可用来衡量消费金融机构与客户之间的关系，如果我们把客户比作自己的朋友，可以通过图 2-18 中的几个维度来测量。

模型	客户关系	朋友关系
Recency	最近一次购买产品距离现在的时间	上次聚会的时间
Frequency	一共购买了几次	一共聚会了几次
Monetary	消费金额，对于金融行业来说也不一定是越多越好	每次聚会的深度
Repayment	正常还款的次数	对方买单的次数

图 2-18　模型测量

2. 用户分层

促进用户活跃是个基本功。用户池就像一个鱼塘，要判断从外部游进来多少鱼，通过运营能留下来多少鱼，又有多少鱼从鱼塘里游出去了。

我们需要对用户池里的用户做清晰的分层，如图 2-19 所示。

❑ 高价值：重要价值用户、重要保持用户。

❑ 中坚价值：重要发展用户、重要挽留用户、一般价值用户、一般保持用户。

❑ 普通：一般发展用户、一般挽留用户。

用户分类	R（离现在时间越短越好）	F（次数越多越好）	M（金额越大越好）	还款次数（还款和结清次数越多越好）	用户描述
重要价值用户	高	高	高	高	优质和质量较好用户
重要保持用户	高	低	高	高	促进该用户复购次数
重要发展用户	低	高	高	高	有流失倾向，促活
重要挽留用户	低	低	高	高	有价值的流失用户，加强挽留
一般价值用户	高	高	低	低	忠诚用户，加强复购引导
一般保持用户	高	低	低	低	新用户，加强活动营销
一般发展用户	低	高	低	低	快流失用户，高频率营销
一般挽留用户	低	低	低	低	已经流失用户，加强挽留

图 2-19　用户分层

3. 用户周期

RFM 测量的是某个时间段，比如过去 6 个月，这是一个静止的快照。由此引申出的用户周期概念则是一个动态的分析，如图 2-20 所示。

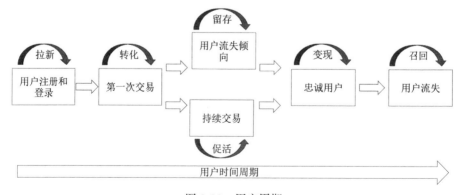

图 2-20　用户周期

每一个用户所处的周期都不一样。第一次交易的新用户，因为种种原因，可能此后再也不会交易，成为一次性用户；也可能发现产品还不错，持续购买，变成忠诚用户；现有用户也可能不再继续使用我们的产品，变成流失用户。

4. 分析方法

用户分析即使用客户数据，建立客户评分模型，对客户进行价值分类，并对不同类型的客户制定不同的营销策略。

RFM 方法根据客户活跃度、交易金额和客户质量贡献，进行客户价值细分，实现精细化运营客户。

接下来主要讲解一下 RFM 模型的实现步骤，判断如何根据自己的业务类型和用户特征来计算分值，然后对客户进行分类。

（1）计算 FRM+R 分值

我们使用模型进行计算，进而分析用户的价值和分值，如图 2-21 所示。

R：距离当前日期越近，得分越高，最高 5 分，最低 1 分。

F：交易频率越高，得分越高，最高 5 分，最低 1 分。

M：交易金额越高，得分越高，最高 5 分，最低 1 分。

R：结清次数和超过 3 期以上还款次数越多，得分越高，最高 5 分，最低 1 分。

RFM+R	定义	5 分	4 分	3 分	2 分	1 分
Recency	上次交易距离现在时间	≤ 30 天	≤ 60 天	≤ 90 天	≤ 120 天	>120 天
Frequency	交易合计次数	>5 次	>4 次	>3 次	>2 次	>1 次
Monetary	交易合计金额	>20000	>12000	>8000	>5000	>1000
Repayment	还款情况	≥ 2 笔结清	≥ 1 笔结清	≥ 9 次正常还款	≥ 6 次正常还款	≥ 3 次正常还款

图 2-21　RFM+R 模型计算

消费金融产品不同于电商、即时通信等高频使用的产品，正常使用频率一般是每月 1 次，即正常的申请、借款、还款和提额等操作。所以，消费金融产品不用特别强调用户的使用频率。

（2）客户明细分类

使用 RFM+R 模型对客户进行分类后，最重要的是对各类客户有比较清晰的认识和理解，如图 2-22 所示。

比如：

1）最近有交易记录的客户，再次发生交易的可能性远高于最近没有交易行为的客户。

2）有过 2 次以上交易的客户比交易频率较低的客户更有可能再次发生交易行为。

3）过去交易总金额较多的客户比交易总金额较少的客户消费积极性更高。

4）对价格敏感型客户，赠送优惠券可以增加其交易次数。

5）正常还款 3 期以上的客户，以后逾期的概率较低，属于优质人群。

用户分类	R（离现在时间越短越好）	F（次数越多越好）	M（金额越大越好）	还款次数（还款和结清次数越多越好）	用户描述
重要价值用户	≥ 3	≥ 3	≥ 3	≥ 3	优质和质量较好的用户
重要保持用户	≥ 2	≥ 3	≥ 3	≥ 3	近期无交易
重要发展用户	≥ 3	≥ 1	≥ 3	≥ 3	交易次数较少，促活
重要挽留用户	1	≥ 3	≥ 3	≥ 3	有价值的流失用户，加强挽留
一般价值用户	≥ 2	≥ 2	≥ 1	≥ 1	忠诚用户，加强复购引导
一般保持用户	2	1	≥ 2	1	新用户，加强活动营销
一般发展用户	2	1	1	1	快流失用户，高频率营销
一般挽留用户	1	1	1	1	已经流失用户，加强挽留

图 2-22　用户明细分类

按照 RFM+R 模型的平均值把用户划分为 8 种类型，制定 8 种不同的营销策略，在各个用户类型足够多的情况下，一种类型可以多试几种营销策略，再根据营销策略确认运营方式。我们可以针对 R、F、M、R 这几个指标的标准化得分按聚类结果进行加权计算，然后进行综合得分排名，识别各个类别的客户价值水平。

对于营销而言，成本至关重要。当前的互联网消费金融公司，营销的主要手段还是依赖推送、短信、电话营销。推送相对来说不需要太高成本，需要注意的是，不要过于频繁地打扰用户或者推送不精准内容，导致用户反感度提高而关闭该 App 的推送通道。

而对于短信来说，虽然单条短信成本低，但当用户整体量级较大时，批量发送的成本会很高，短信发送整体的 ROI 可能会小于 1。这时候就要想办法缩小用户范围，给最容易转化且转化后带来更高收益的用户精准投放。此时，最近消费过的、消费频次高的、消费金额高的用户是最好的选择群体。

RFM+R 模型已经有几十年的历史，在移动互联时代实际运营中依然有用、有效，可以在总体运营体系里作为有效的分析工具来使用。

2.5.3　用户画像

用户画像的英文名称是 User Profile，不要和 User Persona（用户角色）相混淆。用户画像是产品设计和用户分析的一种方法。当我们讨论产品、需求、场景、用户体验的时候，往往需要将焦点聚集在某类人群上，用户画像便是一种抽象的方法，是目标用户的集合。

举个例子，"女，白领，25 ～ 30 岁，工资 15 000 元～ 20 000 元，重点大学毕业，IT 测试工作，居住在北京回龙观，未婚，有男友，喜欢阅读，有房贷，喜欢星巴克，经常加班"，这样一串描述就是用户画像的典型案例，即用户信息标签化，如图 2-23 所示。

图 2-23　用户信息标签化

1. 为什么需要用户画像

用户画像是建立在一系列真实数据之上的目标群体的用户模型，即根据用户的属性及行为特征，抽象出相应的标签，拟合而成的虚拟的形象。标签主要包含基本属性、社会属性、行为属性及心理属性。需要注意的是，用户画像是将一类有共同特征的用户聚类分析后得出的，因而并非针对某个具象的特定个人，比如：

❑ 使用产品的用户有什么特征？

❑ 借款用户有什么特征？

❑ 逾期用户有什么特征？

❑ 欺诈用户有什么特征？

❑ 目标用户在什么地方？处于哪个年龄段？有什么喜好？

用户画像的核心是将数据进行标签化。打标签的重要目的之一是让人能够理解并且方便计算机处理，比如可以做分类统计：下载 App 的男性占比情况，哪些人申请了产品，什么年龄段的占比最大，使用金融服务的人分布在哪些区域，一线城市的用户有什么喜好等。

用户画像可以通过一系列的标签把用户呈现给业务人员，让业务人员知道目前的客户是什么样的群体，如何进行精准营销。

（1）精准营销

这是运营最熟悉的玩法，从粗放式到精细化将用户群体切割成更细的粒度，辅以短信、推送、邮件、活动等手段，关怀、挽回、激励等策略。

❑ 交叉销售：针对一般客户如何进行二次营销和交叉销售，了解这类客群体有什么特征。

❑ 促活：沉睡客户的特征是什么，如何去激活这类客群，他们沉睡了多久，使用什么样的方式和手段去促活。

❑ 拉新：产品用户的类型、性别、年龄和出入地点，如何去拉新用户，使用什么样的策略和营销手段，营销费用投入后拉来的客户都是什么样的，成本如何，如何改进营销方式来减少营销成本。

（2）风险

针对不同的用户群体画出相应的用户画像，有助于业务人员了解不同的用户群体的风险喜好、欺诈概率、正常还款概率。

❑ 通过信审的用户画像；

❑ 未通过信审的用户画像；

❑ M1 的用户画像（M1=0 ～ 30 天逾期）；

❑ M2 的用户画像（M2=31 ～ 60 天逾期）。

（3）画像工具

业务人员通过已有标签或者自定义标签可以任意筛选用户，对导入用户做二次营销。

- ❑ 固定标签：业务人员根据"*T*+1"固定打好的标签对用户进行筛选，比如对于"本科 + 广东 + 福建 + 有房贷 + 收入（3000 元～ 5000 元）"这类用户，有用户画像系统的话，就会很容易筛选。可以对筛选后的人群进行二次营销，如发优惠券等定向推广活动。
- ❑ 标签自定义：业务人员可以通过自定义标签进行灵活配置。
- ❑ 自助查询：业务人员可以根据标签查询这类用户、查看这类人群的画像情况。

2. 整体架构

构建用户画像的整体架构，首先需要进行标签建模，然后建立模式库，形成用户画像的后台库，如图 2-24 所示。打标签前需要做很多工作，如先整理和清洗数据，保证数据的质量。

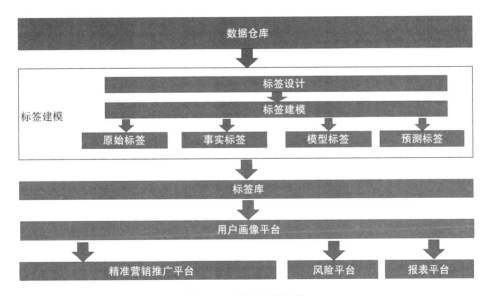

图 2-24　用户画像架构

构建用户画像需要基于业务模型，一般的业务部门对画像和模型没有概念，需要数据部门人员对业务和模型有所理解，不能光指望业务人员提供比较完整的业务模型。数据部门也不能闭门造车，需要和业务部门一起把模型建立起来。

很多公司花了很大精力和资源构建的"用户画像"，由于业务和数据部门对业务需求和模型没有充分理解，导致产品上线后无法使用。

用户画像平台的关键是输出标签，把过滤或筛选过的用户输出给其他系统，进而实现精准营销、风险控制、二次营销。

（1）标签体系

从数据仓库的原始数据进行统计分析，得到事实标签，再进行业务建模分析，得到模型标签，再进行模型预测，得到预测标签。

标签体系建设是平台的关键。平台的一期可以先建设原始标签和事实标签，待项目人员对业务和标签体系有深入的了解后再建设二期和三期。

标签数量也不求多，其实业务人员常用的标签有 100 ～ 300 个，求精而不求多，如图 2-25 所示。

图 2-25　标签体系

原始标签指用户最基本的信息，一般不会经常变动。比如，用户的性别、注册情况和用户的学历等信息，都是永久或长时间不会变动的。

事实标签是通过对原始数据库的数据进行统计分析而来的。比如，用户理财次数是基于用户一段时间内实际理财的行为统计而得的。

模型标签是以事实标签为基础，通过构建事实标签与业务问题之间的模型，进行模型分析得到的。比如，结合用户收入模型和负债占比、用户风险评分、用户存在价值。

预测标签是在预测模型的基础上做预测用的，比如预测用户的价值、用户欺诈风险和违约风险等。

（2）用户画像系统

用户画像系统作为业务人员使用的展示平台主要有 7 个功能，如图 2-26 所示。

序	功能模型	二级功能
1	标签管理	固定标签
		自定义标签
2	宏观画像	标签筛选
		用户列表
3	个体画像	
4	人群管理	
5	报表分析	交叉分析
6	逾期分析	
7	用户失联修复	

图 2-26　用户画像系统功能

一个好的用户画像系统，不仅是大数据架构里的重要一环，更是牵动着精确营销、风险、新产品研发等方方面面。用户画像系统的作用在于，用数据化的标签将用户信息标签化，即将用户信息转换成产品运营策略。不同的标签对应不同的用户群体，同时对应不同的营销手段。通过用户标签分析用户需求，可以达到运营目的。

3. 应用场景

用户画像如何在企业里应用，一般由金融消费的具体产品、产品投放渠道和合作渠道决定。通常来说，用户画像主要有如下 3 个重要的应用场景。

（1）精准营销

精准营销是用户画像和用户标签最基本和最有价值的应用。在用户画像平台里所有用户都有各种各样的标签，营销部门可以通过标签体系来选择需要触达的用户，然后进行精准的营销投放，如图 2-27 所示。

个性化推荐、广告系统、活动营销、内容推荐、兴趣偏好、优惠券营销都是基于用户画像的应用。

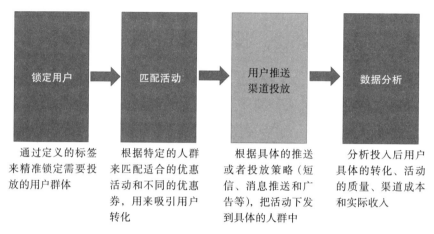

锁定用户	匹配活动	用户推送渠道投放	数据分析
通过定义的标签来精准锁定需要投放的用户群体	根据特定的人群来匹配适合的优惠活动和不同的优惠券，用来吸引用户转化	根据具体的推送或者投放策略（短信、消息推送和广告等），把活动下发到具体的人群中	分析投入后用户具体的转化、活动的质量、渠道成本和实际收入

图 2-27　精准营销

精准营销中的常见匹配活动如下。

最近一个月发生过借款且借款金额大于 1 万元或最近半年发生过二次交易的用户，属于高价值用户群体。精准营销的目的是提高用户忠诚度并增加回购率或复贷率。针对这类用户，平台可以提高授信额度、提高期限（如 24、36期）、送免息优惠券、加息券。

对于潜在用户，在按照年龄、区域、职业、收入、消费能力、收入情况、负债情况、具体行为等特征分群后，以短信、App 消息推送等方式推送平台的优惠消息和各类活动，如免息券、加息券、限时额度等，目的是用适当的优惠政策来吸引其产生实际消费和购买行为。

精准营销就要做到精准投放，要明确定位各消费金融产品的交易用户画像，知道目标用户通常会出现在哪里、处于什么年龄段、性别比例以及喜好等，这样在营销时，才能提高转化率并带来实际收入。

当用户群体和产品体系上升到一个阶段后，就可以启动智能推荐了。但是，若没有对用户和产品深入了解，智能推荐很难有效果。

通过关联规则、聚类分析和贝叶斯估计以及用户近期的行为和 App 操作记录进行建模分析，为特定的人群做喜好分析，并给这类人群推荐感兴趣的产品和优惠或促销活动。

（2）产品优化

对于产品经理来说，最重要的是后续精细化运营，对产品进行持续的分析优化。运营部门需要通过分析用户与产品交互过程中的点击量、停留、跳转、转化等行为，构建用户画像，帮助运营人员和产品经理透过用户画像和行为表象看到用户深层的动机和行为心理。

优化产品流程和用户体验是产品经理永恒的追求。产品经理可以基于用户行为进行数据追踪，对各场景数据清洗、汇总、整合和统计，利用数据来论证，减少主观因素对产品设计的影响，以便以场景数据来设计最适合用户习惯和喜好的产品，如图 2-28 所示。

场景		分类	用户数据					
场景数据	App	页面分析	访问量	输入或点击	热点图	停留时长	页面跳转	页面转化
		用户体验	跳转率	流失率	留存率			
		流量分析	访客活跃度（7 日 /15 日 /30 日）		留存率（1 日 /7 日 /15 日 /30 日）		注册率	登录率
		用户情况	活跃时段	地域	版本	终端	启动次数	访问时长活跃度
	流量情况	渠道	来源渠道	渠道点击	访问页面	停留时间	渠道转化	渠道跳转
	交易	页面流量	点击量	跳失率	转化率			
		销售转化	认证率	绑卡率	授信率	借款率	发生金额	复购率

图 2-28　场景数据

（3）全方位用户分析

全方位分析同一事件或同一指标在不同人群中的表现，有助于进行精细化的用户运营分析，提高运营的深度和精度，如图 2-29 所示。

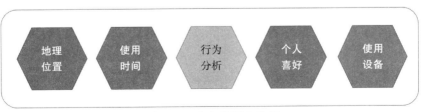

图 2-29　全方位用户分析

（4）渠道分析

为了提高渠道投放的精准度，一般都要对渠道 RoI 进行分析，全方位了解渠道和转化的用户，如图 2-30 所示。

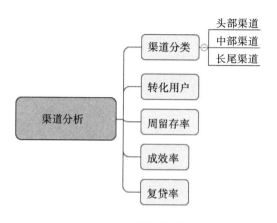

图 2-30 渠道分析

用户从一个渠道接触到我们的产品时，需要完善自己的基础信息、信用信息和行为数据。在第一次交互过程中，平台要主动或被动地收集和保存用户信息，并且持续跟踪和挖掘用户的使用行为，直至将潜在用户转化为交易用户。

用户接触产品后的所有行为和相关路径数据，通过清洗后都是分析用户和精准营销的决策依据，也是优化和升级产品的重要数据基础和依据。

根据渠道分析和用户画像，可以调整渠道投放的成本和资源，然后通过数据分析详细掌握渠道用户的转化率、用户的活跃度、用户信息、用户行为和用户交易等全方位信息，同时做到全周期的渠道 ROI 分析。

根据产品属性和用户人群的分析，综合分析渠道的价值和贡献，从而调整渠道投入。

2.5.4 用户行为分析

分析用户行为后，我们才能知道用户在 App 上登录、点击、申请授信以及借款等行为背后的动机。用户行为分析帮助业务人员了解渠道质量、用户转化、用户怎么流失、为什么流失、在哪里流失，进而优化产品分析和实现精准营销。

用户行为由最简单的 5 方面数据组成，即时间、地点、用户、行为、交互。

对用户行为进行分析，要将其定义为各种事件。比如，用户登录是一个事件，在什么时间、什么平台上、哪一个用户名或手机号做了信息录入，录入的内容是什么，这是一个完整的事件，也是对用户行为的一个定义。我们可以在 App 中定义无数个这样的事件。

有了这样的事件以后，我们就可以把用户行为连起来观察。用户首次进入 App 后就是一个新用户，他可能要注册，那么注册行为就是一个事件；注册之后可能开始申请借款，所有这些都是用户行为事件。

一个完整、多维、精确的用户画像等于用户行为数据＋用户属性／标签数据。

用户行为数据包括注册、登录、输入、点击等动作。

用户属性数据包括月入 15 000 元、27 岁、女性、已婚、本科等个人信息。

1. 用户行为分析的意义

（1）获客

在营销推广中，什么渠道带来的流量最高，渠道的 ROI 如何，不同活动和投放的转化率如何，这些都需要我们对用户行为进行详细分析。

用户行为分析的根本目的是降低渠道成本，提升渠道的用户转化能力。公司对接的产品推广渠道越来越多，则可能会存在获客成本增高、获客质量降低、维护成本增高等情况。我们需要分析各渠道用户登录和注册转化、成功通过授信、借款、正常还款的用户，合理计算各渠道的 ROI。

各渠道是获客的第一步，通过系统自动识别和自定义渠道，分析每一个渠道的留存、转化效果。通过用户行为分析平台，可以很方便地统计和分析 App 的各个下载渠道；通过对渠道的多维分析、活动名称、展示媒介、广告内容、关键词和着陆页进行交叉分析，可以甄别优质渠道和劣质渠道，精细化追踪，提高渠道的 ROI。通过渠道质量模型，可以制定相应的渠道获客和投放策略，如图 2-31 所示。

（2）漏斗

用户使用路径中的每个环节都会有用户流失，我们可以通过漏斗直观地分析每个环节的用户流失率，并判断是否正常。比如，从 App 下载、注册、登录、绑卡、认证、申请审批到借款——整个用户可能产生价值的阶段，通过漏斗知道用户的具体行业，对转化率过低、流失人群进行分析，发现具体的原因。

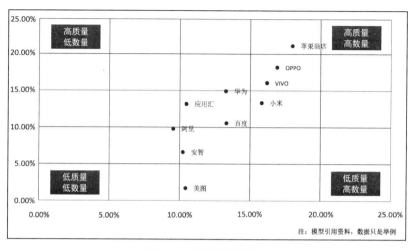

图 2-31　渠道质量模型

（3）留存

基于用户行为，我们可以进行精细化留存评估。根据产品特性自定义用户留存，如将用户登录后去申请授信、借款、理财或还款的行为定义为一次活跃。用户的活跃度和用户留存能反映产品质量、运营效果。

用户一般不会突然流失，会有一些细微、特别的行为，我们要去跟踪用户的行为，分析用户的使用习惯，判断使用行为有没有下降、哪些行为下降。

留存是运营的重要环节之一，只有做好了留存，才能避免新用户在注册后流失。这就好像一个不断漏水的篮子，如果不去修补底下的裂缝，而只顾着往里倒水，是很难获得用户持续增长的。

（4）精准营销

通过注册转化、产品申请转化、流失等数据分析产品的发展方向和运营优化空间。通过对用户行为的分析，合理地进行用户分群、用户分层，进而制定不同阶段的营销手段和策略。

2. 如何进行用户行为分析

（1）数据采集

要想做好分析，必须要有足够的数据作支撑，这就涉及数据采集。例如，我们要想获取用户的某个行为数据，就需要在相应的按钮、页面、功能等模块加入监测代码，这样才能知道有多少人点击了这个按钮或打开了页面。

数据采集主要通过代码埋点和可视化埋点两种方式，如图 2-32 所示。

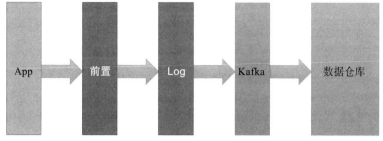

图 2-32 数据采集

通常情况下，所有的埋点都应该可以获取到通用属性。这类属性作为最基本的数据，做分析时有关键作用，如图 2-33 所示。

序号	通用属性	属性名称	属性值格式
1		时间	时间
2		平台	字符串
3		设备ID	字符串
4		App版本号	字符串
5		手机型号	字符串
6		手机系统版本号	字符串
7	通用属性	运营商	字符串
8		经度	字符串
9		纬度	字符串
10		地点	字符串
11		设备名称	字符串
12		IP地址	字符串
13		GPS地址对应省	字符串
14		GPS地址对应市	字符串

图 2-33 通用属性

埋点时要收集的相关用户属性如图 2-34 所示。

序号	用户属性	属性名称	属性值格式
1		用户ID	数值
2		卡号	字符串
3	用户属性	身份证号码	字符串
4		电话号码	字符串
5		用户姓名	字符串

图 2-34 用户属性

做 App 埋点时，要详细分析产品流程中所有的功能点，对功能点进行细分，尽可能把用户操作的轨迹都保留下来，如图 2-35 所示。

事件模块	事件编号	事件名称	事件属性	属性值格式	是否指标
注册登录	1	注册	通用属性		注册完成
	2	登录	通用属性		登录完成
			用户属性		
首页	3	首页	通用属性		登录/未登录
			是否登录	BOOL	
申请	4	银行卡认证	通用属性		
			用户属性		
	5	活体认证	通用属性		
			用户属性		
	6	身份证认证	通用属性		
			用户属性		
			获取的姓名	字符串	
			获取的身份证号码	字符串	
			获取的身份证有效期	字符串	
			获取的发证机关	字符串	
			获取的性别	字符串	
			获取的民族	字符串	
			获取的住址	字符串	
	7	完善个人信息	通用属性		
			用户属性		
			婚姻情况	字符串	
			现居地址	字符串	
			居住地址（省）	字符串	
			居住地址（市）	字符串	
			联系邮箱	字符串	
还款模块	8	还款计划			
	9	提交还款			
借款模块	10	申请借款			
	11	借款成功			

图 2-35　用户操作事件

（2）行为分析

用户行为分析包括事件分析、漏斗分析、留存分析、路径分析。

用户在使用 App 时的行为通常称为事件。我们可以把相关业务功能和用户行为都抽象为事件。一般来说，事件通过埋点来获得，如图 2-36 所示。

漏斗分析是指分析用户在使用产品过程中，各关键环节之间的转化率和流失率，如图 2-37 所示。

通常，我们会通过拉新把客户吸引过来，但是经过一段时间可能就会有一部分客户逐渐流失了。那些使用我们 App 的人或者经常回访我们 App 的人就被称为留存用户。在一段时间内，比如 5～7 天，对 App 有过任意行为的用户，称为该 App 在这段时间内的活跃用户。这个任意行为可以是打开 App、登录、注册、申请贷款等。

留存分析定义的指标如下所示。

序号	功能	事件
1	注册	点击注册
2		填写注册信息
3		注册成功
4	绑卡	点击绑卡
5		绑定银行卡
6		绑定成功
7	实名认证	点击认证
8		身份证拍照
9		完成拍照
10		人脸识别
11		识别成功
12	个人信息	基本信息
13		公司信息
14		家庭信息
15		地址信息
16		完成个人信息
17	申请审核	申请
18		完成申请
19	借款	点击借款
20		填写信息
21		提交申请
22		借款成功
23	还款	
24	逾期处理	
25	理财产品	

图 2-36　埋点采集事件

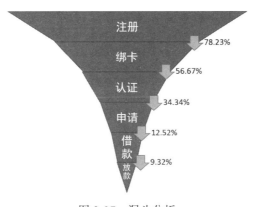

图 2-37　漏斗分析

❑ 流失用户：一段时间内没有再打开产品的用户，称为流失用户。根据金融产品的属性，我们可以按 30 天、60 天等进行划分。用户并不会高频使用互联网消费金融产品，一般来说每月登录或使用一次属于正常。

□ 不活跃用户：一段时间内没有打开产品的用户。为了和流失用户区分开来，我们需要选择无交集的时间范围。比如流失用户是 60 天以上没打开产品，那么不活跃则是 0 ~ 60 天没打开。

□ 回流用户：有一段时间没用产品，之后突然回来再次使用的用户，称为回流用户。回流用户是活跃用户，且是由流失用户或不活跃用户转化来的。

□ 活跃用户：互联网领域一般定义为某一段时间内使用过产品的用户，金融产品领域可以定义为 30 天内使用过产品的用户。

□ 忠诚用户：也可称为特别活跃的用户，一般定义为每个月都打开产品而且重复使用两次产品的用户。

针对不同的活跃群体进行分析，比如用户用得好好的为什么不活跃了？什么样的用户能成为忠诚用户？什么样的用户会流失？对于这些问题，我们需要针对自己的产品和业务进行专门的分析，如图 2-38 所示。

	当日	次日	第三天	第四天	第五天	第六天	第七天
5月14日	42%	29%	18%	10%	6%	5%	3%
5月15日	35%	26%	15%	8%	6%	4%	
5月16日	30%	23%	12%	7%	6%		
5月17日	41%	35%	20%	12%			
5月18日	39%	30%	19%				
5月19日	32%	25%					
5月20日	30%						

图 2-38　留存分析

用户来到你的平台后，通常会沿着不同的路径去使用你的产品。通过对用户行为路径的分析，我们可以看到用户最常用的功能和使用路径，了解用户登录 App 后分别做了哪些行为，以及是在哪个环节离开的。

分析用户在 App 各个功能模块的路径规律与特点，挖掘用户的访问或点击模式，进而实现一些特定的业务用途，如 App 认证、理财或贷款功能的到达率提升、App 产品设计的优化与改版等，如图 2-39 所示。

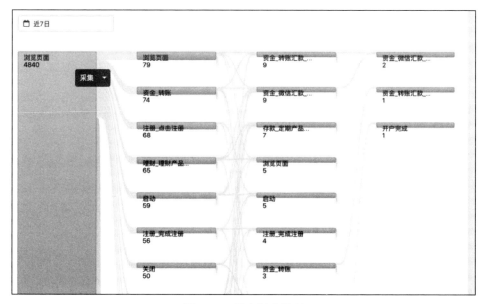

图 2-39　用户行为路径

　　客户使用消费金融产品时的关注点并不在于具体哪款产品，而在于产品能为他们带来什么。因此，我们需要以客户为中心，将客户需求置于客户体验的首位，根据客户旅程来提供服务。

　　想要重新定义客户旅程，首先需要基于大量用户数据来分析和预测用户行为，服务用户的同时降低产品运营成本、提高运营效率，并且使客户信任我们。

业务架构方法

企业架构是基于点、线、面、体的完整商业模型：多个金融服务的点构成一条业务线，多条业务线构成消费金融业务的面，而企业通过整合信息流、现金流等支撑这个面的良好运行，进而构成一个商业体。

对于每一个典型业务，我们都可以把它想象为一台运行中的机器，而其中的每个业务组件便是构成这台机器的功能模块。之所以要利用组件来搭建业务架构，是因为组件能确保搭建的业务架构既完整有效，又无功能冗余，而且有利于今后展开系统架构的组件分析和设计。

3.1 消费金融的业务边界

从事消费金融的业务主体从监管层面可以分为持牌和非持牌金融机构。不同的机构在各自领域都有自己的优势和在行业里的定位。

3.1.1 持牌金融机构经营范围

我们可以从持牌机构的经营范围了解各主体的差异。表 3-1 对比了商业银行、互联网银行和消费金融公司的主要经营范围。

表 3-1 持牌金融机构经营范围

经营范围	商业商行	互联网银行		消费金融公司	
吸收公众存款	√	√	主要是个人及小微企业存款	√	接受股东境内子公司及境内股东的存款
发放短期、中期、长期贷款	√	√	主要针对个人及小微企业发放短期、中期和长期贷款	√	发放个人消费贷款
办理国内外结算	√	√		×	
办理票据承兑与贴现	√	√		×	
发行金融债券	√	√		√	经批准发行金融债券
代理发行、代理兑付、承销政府债券	√	√		×	
买卖政府债券、金融债券	√	√		×	
从事同业拆借	√	√		√	境内同业拆借
买卖外汇、代理买卖外汇	√	√		×	
从事银行卡业务	√	√		×	
提供信用证服务及担保	√	√		×	
代理收付款项及代理保险业务	√	√		√	代理销售与消费贷款相关的保险产品
提供保管箱服务	√	√		×	
黄金市场业务	√	×		×	
证券投资基金销售业务	√	√		√	固定收益类证券投资业务
从事顾问、咨询、理财业务	√	×		√	与消费金融相关的咨询、代理业务
自营及代理贵金属的买卖、回购、租赁、理财业务	√	×		×	
经国务院银行业监督管理机构批准的其他业务	√	√		√	
一般经营项目：商品销售，技术服务、技术咨询，经济信息咨询	×	×		√	

经营范围决定了其商业模式和业务边界，也决定了业务战略的制定和业务的开展。下面看看消费金融持牌机构和公司的经营范围。

❑ 商业银行。商业银行从事的传统消费金融业务主要是 3 类：信用卡、房贷和车贷。除了这3类业务外，商业银行近年来也积极参与互联网消费金融业务。商业银行开展业务时对场景、发放金额、期限等基本没有限制，不过对于风险是比较厌恶的，所以通常选择最优质的客群，产品风险定价平均在24%甚至18%以内，很多场景或者大额现金贷风险定价仅在基准利率基础上上浮20%～30%，利率多在7%～9%。大部分区域性商业银行初期的互联网消费金融业务还是以与非持牌机构开展有三方担保模式的助贷业务为主。

☐ 持牌消费金融。持牌消费金融公司可提供以消费为目的的贷款（不包括车贷和房贷），经营产品以短期、小额、无担保和无抵押为主。持牌消费金融公司经营较互联网化，比较积极地参与各分类场景贷、线上现金贷和线下大额现金贷。其发放贷款平均额度为1万～2万元、期限12个月，因为不能吸收公众存款，所以资金成本较高，风险定价在24%～36%，近期因为监管要求已经逐渐降至24%以内。

☐ 信托。信托公司向主动管理业务转型，纷纷向消费金融市场发力，具备较强的资金募集能力。目前，信托公司基本上是通过助贷、流贷和ABS这3种模式来参与消费金融业务。信托公司主流的业务模式是将信托资金投放给经营消费金融业务的公司来完成放款，主要是开展助贷类业务，获客、运营和风控等工作在前期依靠合作方来完成。

☐ 小贷公司。传统的小贷公司受地域限制，不能跨地区经营，主要由完成工商注册的网络小贷公司积极参与消费金融业务。

3.1.2 非持牌公司经营范围

2019年10月21日，最高人民法院、最高人民检察院、公安部、司法部联合发布的《关于办理非法放贷刑事案件若干问题的意见》（下称"意见"）正式实施，意见明确规定："违反国家规定，未经监管部门批准，或者超越经营范围，以营利为目的，经常性地向社会不特定对象发放贷款，扰乱金融市场秩序，情节严重的，依照刑法第二百二十五条第（四）项的规定，以非法经营罪定罪处罚。"

非持牌金融机构自身无法对客户直接放款，参与消费金融业务主要通过两种方式——导流服务和助贷服务。

（1）导流服务

自 2017 年年底以来，"无牌照，不金融"这个理念已经贯彻到整个行业，无论是互联网平台还是金融科技公司都从做金融转型到服务金融机构。京东金融开始去金融化，未来京东金融的收入可能主要来源于为金融机构提供服务。蚂蚁金服早在 2017 年就宣布自身定位为 TechFin，以技术来帮助金融机构做好金融，在花呗和借呗业务上与银行等金融机构合作，主要采取的分润模式是由合作金融机构收取贷款利息，蚂蚁金服从中获取固定比例的导流服务费用。

（2）助贷服务

金融科技公司和互联网平台开展消费金融业务的初期贷款资金大多是来源于网贷平台或者持牌金融机构，特别是 2019 年网贷平台屡屡出事后，来源于金融机构的资金比重有所增加。如 360 借条的资金基本来自金融机构，前期与金融机构合作都是以助贷模式，2019 年以来与银行以导流模式合作。乐信的资金除了自身桔子理财网贷平台外，剩余的资金绝大部分来源于商业银行和持牌消费金融公司。趣店目前的业务也由助贷平台转型为导流服务平台。随着流量进一步集中于头部平台，互联网金融竞争进入下半场，在开放的市场竞争格局中，对客户而言，金融只是工具，如何通过多场景融合，将金融服务延伸到个人生活和场景消费，成为互联网消费金融发展的趋势。

3.2　认识业务架构

下面将从业务架构开始展开消费金融业务的介绍。

3.2.1　什么是业务架构

要说清楚什么是业务架构，首先要统一对业务的认识。业务是指为了完成某种工作或项目，工作者依据公司的基础设施和财务能力将产品或服务提供给客户，创造新的价值。然后统一对架构的认识。架构指为了支撑业务正常开展而设计的业务静态结构和动态行动，并建立模型描述其组成、边界、关系、原则等。所以，本书所讲的业务架构更像是公司的战略蓝图，解决业务是什么、怎么做、如何发展等问题，目标是集中资源在核心战略上，并通过一系列方法确保从业务架构到 IT 架构的转换过程中信息不会失真，按照成熟架构思想和工程思维把事情做对。业务架构是企业架构（Enterprise Architecture，EA）中的一个概念，在企业架构规划中占有重要位置。按照 TOGAF 方法论，企业架构可以分为两大部分，即业务架构和 IT 架构。业务架构是把企业的业务战略转化为日常运作的渠道。业务战略决定业务架构。完整的业务架构包含业务领域、业务组织、业务流程、事件 4 个方面。

1. 业务领域

按照业务领域划分，消费金融可细分为多类，包括房贷、车贷、场景贷、消费分期、虚拟信用卡、现金贷等。不同的业务领域需要不同的能力支撑，这些能力包括客群识别能力和客户获取能力、产品创新能力、渠道拓展能力、场景对接能力、风控能力、运营效率等，也就是组织开展业务活动获得稳定业务成果所需的能力。根据业务领域与能力提供方的关系，业务架构可以分为竖井式架构（如图 3-1 所示）和平台式架构（如图 3-2 所示）。

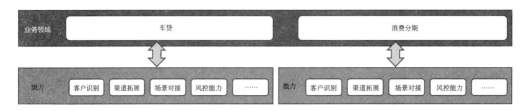

图 3-1　竖井式架构

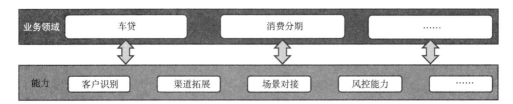

图 3-2　平台式架构

2. 业务组织

业务组织主要涉及业务线支撑、组织架构两个方面。想要理解业务和组织架构的关系，就不得不提康维定律：系统设计本质上反映了企业的组织机构，反过来，你要什么样的系统，就设计什么样的组织架构。这样一来，上面提到的竖井式架构和平台式架构更多是受企业组织架构的影响。读者也就更容易理解银行里车贷部、信用卡部、消费金融部、网金部等各自建设系统、相互之间数据独立不共享的原因了，如图 3-3 所示。

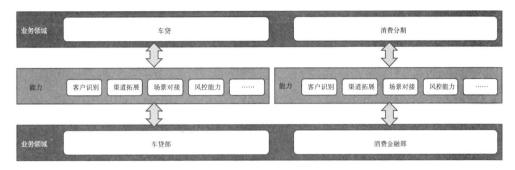

图 3-3　银行竖井式架构案例

近几年，随着数字化转型、平台生态建设等因素的影响，金融机构的组织架构也在调整，朝着中台方向发展，形成了图 3-4 所示的平台式架构，目的是通过平台共建和共享实现敏捷响应业务变化。

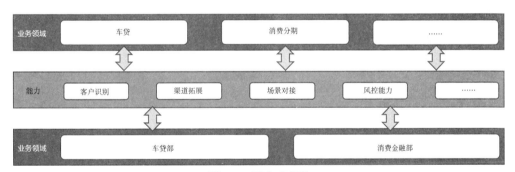

图 3-4　平台式架构

3. 业务流程

业务流程涉及业务流程梳理、业务流程优化两个方面。有市场的地方就有竞争，有竞争就会提出业务优化。有业务优化的地方自然就有流程改进（降本增效）。随着金融业数字化进程的推进，金融产品和服务数字化程度越来越高，金融业逐渐从以客户、账户、业务流程为中心转向以用户体验为中心，从柜台和自营线上渠道转向移动端和生态场景合作。业务流程环节越来越多，业务之间的关系也越来越复杂，需要有一套方法论指导流程梳理和优化（如 BLM 模型、etom 业务模型、BPM 方法论等）。

4. 事件

业务事件指对特定对象产生一定影响的事。业务事件包括外部事件、内部事件、时间类事件。了解业务事件有助于理解业务价值、识别业务流程层级和顺序。事件既是技术架构概念，又是业务概念。近几年兴起的事件驱动架构（Event-Driven Architecture，EDA）是指通过事件将组件或服务松耦合，提升系统的可维护性与扩展性。这里的事件就是技术架构概念。

3.2.2　为什么需要业务架构

没有业务架构很可能会带来以下问题。

❑ 出现大量的信息孤岛和烟囱，系统间缺少协同；

❑ 重复建设导致资源浪费或开发完成后直接闲置；

❑ 设计不周到、业务和 IT 协调不足，导致项目失败等。

这些问题都是系统建设时无视工程思维、计算机思维所导致的，如图 3-5 所示。

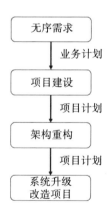

图 3-5　错误的系统建设

按照企业架构方法论，企业应该以业务战略和 IT 战略为输入，规划业务架构、IT 架构和架构治理目标，然后根据重要程度和优先级制订项目建设路线，如图 3-6 所示。

而这其中业务架构尤为重要，因为科技最终还是要为业务服务的，所以我们在项目建设上应该以业务架构为基础，在全面动工前应先在业务架构上达成共识。业务架构实际上包含了战略方向和落地细节，是指导项目顺利开展的纲领，而软件架构是业务架构在技术层面的映射（当然也有一部分是纯技术驱动的，如新技术引进试点或者系统重构等）。合理的项目开展应该基于业务架构，不然就会很盲目。在企业架构中，底层设计细节和高层架构信息是不可分割的。业务架构、IT 架构、架构治理组合在一起共同定义了整个企业架构，缺一不可。

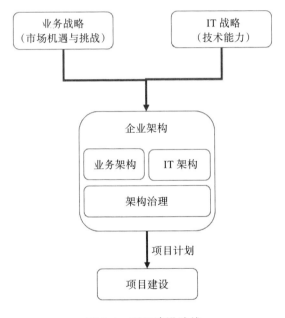

图 3-6　项目建设路线

3.2.3　业务架构的目标和作用

不同视角下的业务架构的目标和作用各不相同。

（1）企业管理者视角

❑ 业务架构的目标是将企业战略拆解为业务，并通过一系列项目实现业务与技术的连接。通过业务架构蓝图串联起最末梢的信息，巩固管理者的权力。

❑ 帮助管理者评估组织的敏捷性，是评估企业是否成功的重要举措。

❑ 指导管理者规划投资预算和项目开展优先级。

（2）业务和运营人员视角

❑ 提升相关人员的企业级观念、结构化能力，促进合作，降低业务理解的复杂度。

❑ 提供一个通过 PDCA 进行模型改进的方法，以便更好地规划项目，实现业务目标。

❑ 使相关人员能够理解业务全貌，包括现状及未来，以此制定 KPI 或OKR。

（3）IT 视角

❑ 有了业务架构蓝图指引，IT 部门可以专注于高质量的服务建设。

❑ 避免低质量的重复建设，围绕业务战略打造核心竞争力，帮助企业应对快速变化的市场。

总结起来，业务架构的主要目标和作用体现在以下 5 个方面：了解现状、规划未来、指导投资、支撑战略、促进共识，如图 3-7 所示。

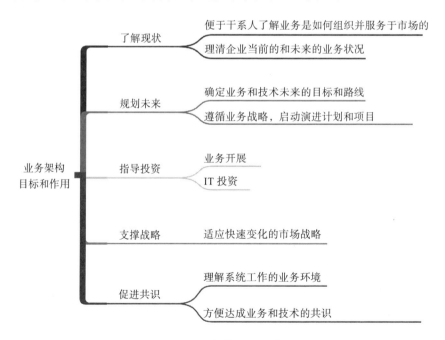

图 3-7　业务架构目标和作用

3.3　如何规划业务架构

业务架构认识起来简单，但规划却面临诸多困难。

- ❑ 无从下手：业务复杂、组织架构关系复杂、缺少方法论指导等，导致很难找到业务架构规划的切入点。
- ❑ 难梳理：金融业务复杂、流程多、信息多、事件多，无论自顶向下逐层细分还是自底向上的抽象组合都存在难点。
- ❑ 领域难识别：组织关系和业务关系同样复杂，各部门希望闭环管理，导致出现烟囱式业务和系统林立。
- ❑ 难协调：因为组织架构治理的不足、跨部门接口不明、流程职责不清等，各部门缺乏对整体流程的了解，需要开大会确认问题，而且因为各部门利益和人际冲突，协调推动比较困难。

要想打通部门墙，让业务架构规划进行得更加顺畅，需获得高层管理者的强力支持。如果没有高层管理者的重视，业务架构规划很难取得成效，即使取得成效也是局部的。在获得高层管理者支持的同时与相关者共同努力做到如下几点，那么业务架构规划会更容易取得成效。

- ❑ 从价值点出发协同工作，控制局面。
- ❑ 统一语言和方法论。
- ❑ 以企业战略为指导，以企业愿景为原则，根据业务需求丰富细节。
- ❑ 抓住业务架构本质，从核心领域开始梳理业务目标、流程、信息、事件。
- ❑ 基于 CBM（业务组件模型）、IDEF 进行业务架构逐层分解展示。

业务架构规划包括需要定什么样的目标，有哪些常用方法论，涉及哪些干系人，业务架构规划常见过程是什么样的，业务架构产出物有哪些。下面将从业务战略开始逐层分解。

3.3.1　业务战略规划

业务战略决定着公司未来发展的方向，包括成为什么样的公司、要赢得哪些用户、采用何种商业模式、现在和将来市场定位如何、在行业中处于怎样的位置。笔者曾看到过很多不理想的公司战略，战略中没有未来几年的业务组成和目标，甚至连未来 3 年业务的发展路径都没有。这样的公司战略是没办法规划与之匹配的业务开展路径和 IT 支撑能力建设路线的。下面从业务战略制定、业务模式设计、支撑体系和能力要求几个方面简单阐述消费金融业务战略相关内容。

1. 业务战略制定

业务战略的制定要依据企业的使命与愿景、公司战略。使命与愿景就是把理想当成目标，把利益当成结果，在公司上下一心实现理想的过程中，推动企业飞速发展。

企业战略制定需要基于业务发展趋势、监管政策、金融科技、竞争环境、标杆客户等经营环境分析，主要使用战略金字塔模型（如图 3-8 所示）多角度进行分析。业务战略一般是由管理层制定或者聘请咨询顾问设计。通常的做法是通过行业分析、竞品分析、现状分析等总结外部发展机遇和内部挑战，进而形成业务战略。

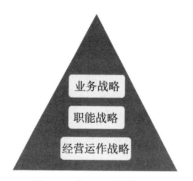

图 3-8　战略金字塔模型

如图 3-9 所示，当前消费金融行业正处于从成长期向成熟期过渡的阶段。

在向成熟期过渡过程中，市场头部企业的举措比较受关注。马上、招联、海尔 3 家公司推出会员产品，旨在探索差异化发展道路，注重存量用户的经营，锁定目标客群，增强用户黏性，找到新的盈利增长点。

2. 业务模式设计

业务模式设计，就是基于机构自身现状，分析业务能提供什么（价值主张）、为谁提供（客户细分、客户关系）、如何提供（渠道、关键业务活动、资源、生态伙伴）、成本结构和收入情况。这些构成了图 3-10 展示的消费金融业务模式概况。

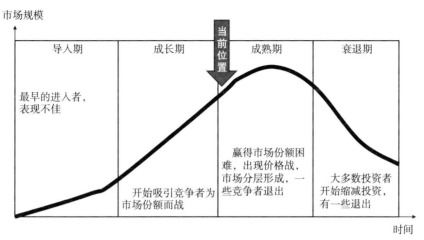

图 3-9　消费金融市场规模发展

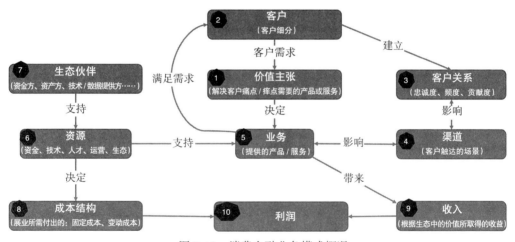

图 3-10　消费金融业务模式概况

1）价值主张：解决客户需要的产品或服务，如针对大额消费的分期贷款、针对日常消费的钱包。

2）客户：目标客群细分可以借鉴麦肯锡八步用户/市场细分方法。

❑ 使用场景：在什么时间（7×24 小时）以什么形式（线上、线下）通过哪些具体渠道（App、微信、小程序、线下门店、电商等）使用。

❑ 地理位置：一线城市、二线城市、三四线城市、农村。

❑ 态度：对产品类别、沟通渠道的态度。

❑ 利润潜力：获取成本、收入、服务成本。

❑ 价值观 / 生活方式：价值取向、态度。

❑ 需求 / 动机 / 购买因素：质量、服务、价格、功能、品牌、设计。

❑ 使用行为：使用频率、决策过程、购买渠道、使用量、费用支出。

❑ 人口特征：性别、年龄、教育程度、收入。

3）客户关系：基于对客户的了解确定如何服务客户并运营客户关系，常见的分析方法有如下几种。

❑ 品牌认知：分析用户对于某品牌是否有一定程度的了解。

❑ 忠诚度：分析用户是否会多次使用消费金融服务，频度和贡献度如何。

❑ 逆向法：根据客户资金需求紧急程度判断提高风险定价是否不会再使用。

❑ 付费法：分析用户是否愿意付会员费或手续费。

4）渠道：客户触达的场景。

❑ 以线上为主。

❑ 以线下为主。

❑ 线上、线下兼顾，协同发展。

5）业务：分析提供的产品或服务是否已经有极致的客户体验，是否有足够的竞争力，产品如何规划，特色功能点有哪些，未来几年业务量级如何，运营、客户服务、IT 服务能力是否与之匹配。

6）资源：分析人力、财力、技术、运营能力和生态协同能力是否能支撑价值主张和业务活动开展。

7）生态伙伴：分析资金方、资产方、技术 / 数据提供方等能否协同发展，支撑业务活动开展。

8）成本结构和收入：分析开展业务所需付出的固定成本、浮动成本以及收入，如图 3-11 所示。

3. 支撑体系和能力要求

消费金融业务和科技朝着业务模式互联网化、产品建模工厂化、客户服务智能化、应用设计场景化、技术架构平台化、数据分析智能化、能力建设体系化的方向发展。消费金融业务服务体系，包括用户体系、账户体系、产品体系、定价体系、数字化运营体系、额度体系、风控体系、清算体系、核算体系、开放服务体系等。我们可以从如下几方面逐步进行完善。

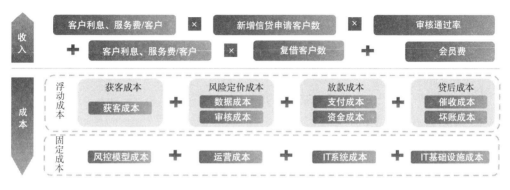

图 3-11　收入和成本

❑ 用户洞察和用户需求快速响应能力。做互联网就是做用户洞察，纵观当前发展好的互联网消费金融公司，无外乎如此：从用户侧思考用户价值、喜好和倾向，深入线上、线下消费场景，为多渠道客户提供一致化客户体验，提高客户响应的时间。

❑ 数字化运营能力。打造"一切业务数据化，一切数据业务化"的数据化、智能化的高效率运营。

❑ 基于云计算、大数据、人工智能，通过软件定义一切的"轻资产"高效率运营。

支撑体系与能力重点如何构建？在资源有限的情况下如何取舍？这些需要在业务战略规划与调研阶段明确，并按照优先级逐步构建。

3.3.2　业务梳理

业务梳理的第一步是将业务战略拆解为业务能力，然后将业务能力分层和按照业务领域分类，以便成体系地形成核心能力。业务能力是基于组织进行业务活动、持续稳定达成业务结果所必需的特定能力，是特定业务职能或某几个业务职能组合的具体实现。

业务梳理的第二步是根据业务线梳理价值流，即相互衔接的、一组有明显存在理由的、实现某一特殊结果的一连串的活动，并找出核心流程，与财务流程形成闭环，优化客群定位、产品设计、交互体验设计、数据分析等环节。

业务梳理的第三步是根据 IDEF0 图梳理业务流程，每一个流程展现其活动输入（Input）、控制（Control）、输出（Output）、机制（Mechanisms），然后基于 BPM 方法论理清业务流程现状、评估成熟度和优化业务流程。

业务梳理的第四步是梳理业务事件，用事件驱动业务过程。为了更好地理解业务价值并识别业务流程层级和顺序，我们需要梳理业务事件并记录其名称、描述、类别、事件来源、所属业务流程、触发时点、响应、目标、所有者等信息，并通过事件驱动过程链（Event-Driven Process Chain）体现利益关系和业务的增值过程，如图 3-12 所示。

名称	授信申请提交
描述	客户消费信贷额度申请
类别	在线申请
事件来源	用户
所属业务流程	授信申请
触发时点	完成实名认证、人脸识别、业务信息填写等操作
响应	用户获得额度或者提示已受理
目标	提升用户转化率
所有者	消费信贷部

图 3-12　业务事件

3.3.3　产品梳理

产品梳理的第一步是梳理产品全景图，以便从整体上把握产品方向、明确产品边界、把握产品框架和重点、指明发展的方向。其具体内容包括梳理产品线、产品大类、产品组、基础产品、销售产品、产品组件等。

产品梳理的第二步是产品规划，即从产品线到具体产品的详细规划，包括政策环境、市场分析、竞争对手分析、用户分析、产品定位、运营规划。

3.3.4 蓝图规划

业务蓝图是项目实施的向导，是项目顺利进行的有利保证，能帮助解决软件管理和企业业务流程互相适应的问题。蓝图规划分为业务目标架构梳理、现状调研、未来业务蓝图设计、实施路线规划等几个阶段，通常使用组件化业务模型（Component Business Modeling，CBM）进行蓝图规划。

围绕不同的业务模式进行业务规划、产品研发、用户 / 客户 / 账户设计、产品运营、渠道拓展、财务管理等一系列企业经营活动匹配，可形成一个典型的业务架构。图 3-13 是一个典型的消费金融业务架构，图中根据每个领域的现状与目标的差距、紧急程度、重要程度、相关性等规划执行路线。

	业务与资源管理	产品研发	客户管理	营销与服务	产品运营	开放渠道服务	业务组合管理	财务管理
规划	业务规划	市场分析与细分	客户组成	客户营销	产品运营规划	渠道规划	资产负债政策	财务政策分析
	业务政策及程序	市场活动规划	客户分析	金融服务规划		渠道服务规划	资产负债规划	财务规划
	外部单位关系战略	产品组合决策	客户挖掘			开放服务规划		
控制	业务与IT架构规划	产品研发管理	客户行为模型	账户服务管理	产品运营管理	渠道管理	资产负债产品组合管理	财务控制
	业务组织管理	市场营销活动管理	客户盈利分析	智能营销管理	产品运营监控	渠道服务管理	风险组合管理	财务核算
	审计/合规/法务/质量	产品组合管理	客户关系管理	反欺诈与反洗钱	产品运营分析	开放服务管理	资产证券化与银团合作	财务会计
执行	市场营销	市场研究	客户信息管理	营销管理	贷款管理	合作渠道管理	产品组合管理	资金运作管理
	人力资源管理	促销活动执行	客户接触历史	交叉销售管理	贷款管理	网点管理	头寸管理	财务整合
	采购管理	商业智能BI	客户关系与沟通	定价管理	创新产品管理	市场信息与舆情	资产负债管理	财务报表
	战略合作管理	产品评估	客户决策	客户服务引流	代理产品管理	交易接触管理		财务总账
	不动产及设备管理	产品研发	客户回馈管理	佣金管理	组合产品管理	培训		催收与核销
	IT投资与运营管理	产品目录	客户视图	智能推荐与营销				
		产品与服务推广	客户画像					

图 3-13 典型消费金融业务架构

CBM 模型可以让组织通过将活动重新分组到可重用的组件中，找到改进和创新机会。CBM 可用于自顶向下地推动活动开展。CBM 同时定义了 3 个层次：规划、控制和执行，以便更好地辅助管理者做决策。

□ 规划：该级别的组件应该向其他组件提供战略方向和公司策略，此外还应该促进组件间的配合。

- 控制：该层中引导和执行级别的组件发挥互相制衡作用，可以监控业绩、管理例外情况以及看管资产和信息。
- 执行：该级别的组件提供的业务行动可促进企业的价值实现。它们处理各种资产和信息，供其他组件或者最终客户使用。

每个组件包括如下 5 个维度的属性。

- 组件的业务用途表现为该组件向其他组件提供的价值。
- 为了实现业务用途，每个组件都要执行一系列相互独立的活动。
- 组件需要各种资源如人员、知识资产等来支持这些活动。
- 每个组件都根据自己的治理模式，以相对独立的实体方式进行管理。
- 像单独一个企业一样，每个业务组件都可以提供和接收业务服务。

3.4 如何解决落地难题

即使了解了企业架构和方法论，真到开始做业务架构规划时可能还是一头雾水，无从下手，那么多的概念、架构、模型、制品该怎样结合？下面将介绍一些笔者的实践经验。

1. 有效沟通、合理引导、控制目标、实事求是、防止过度承诺

有效沟通的重要性怎么强调都不过分，多方沟通、同步信息、避免信息失真，有助于达成共识。沟通时要使用结构化思维工具（如图 3-14 所示），向上沟通领取任务时注意获得授权和响应资源，向下沟通时要明确时间和交付结果。

金字塔模型和 GROW 模型是有效沟通的万用模型，麦肯锡的金字塔模型大家比较熟悉，这里简单介绍一下 GROW 模型。GROW 模型是约翰·惠特默在 1992 年提出的，它由 4 个英文字母组成，其中 G 代表 Goal（目标），R 代表 Reality（现状），O 代表 Options（方案），W 代表 Will（意愿与决心）。

（1）Goal（目标）

所谓"目标"，就是理清目标与当下的关系。作为主动沟通者，你必须要清楚地了解你的目标是什么，并预设对方的目标是什么，目标差异导致的沟通冲突会有哪些，如何应对出现的冲突，并将对方拉回来、围绕目标主题进行沟通。

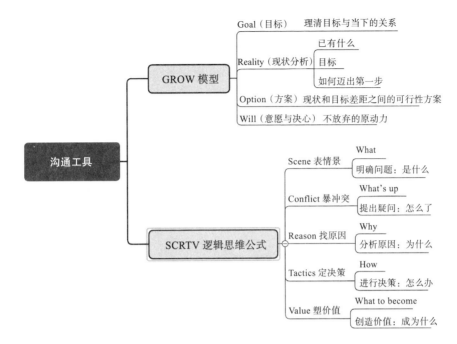

图 3-14　沟通工具

（2）Reality（现状分析）

了解现状的目的在于了解有什么资源及所处的水平，判断与目标的差距，这样才能根据现实状况，而非凭个人的主观印象来看待问题。然后预设如何迈出第一步及如何与相关干系人沟通。

（3）Options（方案）

在了解了现状和目标之后，二者之间就会产生一个差距，你需要考虑有哪些解决方案可以选择，并不断探索达成目标的可行方案。

（4）Will（意愿与决心）

目标明确了，现状分析清楚了，可行的方案也找了几个，那么，是否要做出改变？这需要看决策者对于改变现状达成目标的意愿与决心。提建议者需要有不放弃的原动力，合理引导并不断细化方案。

2. 总结消费金融模式

消费金融业务本质是金融中介业务，从事消费金融业务的公司也属于金融中介，整个经营管理可以理解为两个方面：一方面是资金获取，比如存款、同业拆借、股东存款和 ABS 等；另一方面是资金的发放，如消费信贷、消费分期等，在业务规划中解决如何发放资金、风控、信息流和资金流的问题。

我们在消费金融业务架构规划中面临两个问题。一是资产的获取形式，直接获取还是间接获取；二是资金端发放形式，直接发放还是间接发放。在业务整体规划中，业务设计可以分为如下几种模式，如图 3-15 所示。

❏ 模式一，直接获取资产且直接发放资金，可称为自营自放模式。

❏ 模式二，直接发放资金且间接获取资产，可称为他营自放模式。

❏ 模式三，间接发放资金且间接获取资产，可称为他营他放模式。

❏ 模式四，间接发放资金且直接获取资产，可称为自营他放模式。

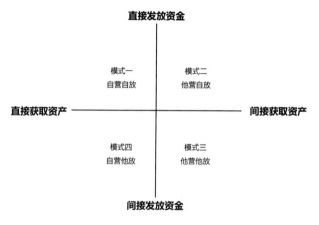

图 3-15　消费金融业务设计模式

如果从整个生态来看，互联网消费平台处于 C 端、B 端和资金方的中心。业务模式完整视图如图 3-16 所示。

3. 大胆尝试、小步慢跑

虽然前期我们可能只看到现象，没办法理解本质，但随着时间推移，终究能看到结果，并最终总结出现象和本质的差异。互联网业务架构是以用户为中心的演进式架构，追求客户需求响应速度，灵活适应闪电式扩张。传统金融的业务架构则以账户、产品为中心，追求效率和资源的平衡。建议规划 3～5 年业务战略方向，并通过 MVP 快速验证、及时修订。产品长、短周期迭代对比如图 3-17 所示。

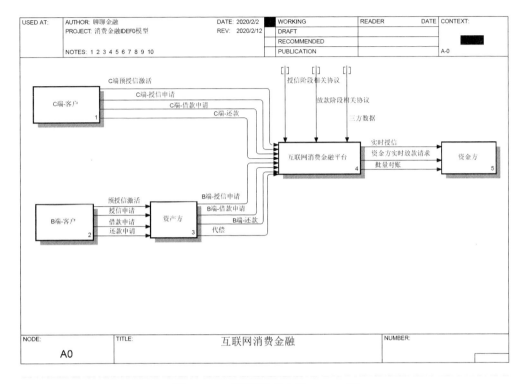

图 3-16　互联网消费金融 IDEF0 图

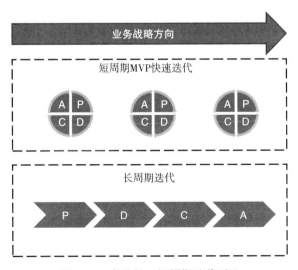

图 3-17　产品长、短周期迭代对比

4. 面向价值交付

个人向企业交付价值，企业向社会交付价值。由于交付价值的过程是复杂的，涉及组织管理和工程管理等多个维度，因此一般受团队、流程、文化等影响，需要协同改进。

5. 持续过程改进

持续改进业务建模和软件实施的过程。业务建模分为两种方式，一种是自顶向下（适合对全局掌控较好的企业，一般咨询采用此种模式），另一种是自底向上（适合中小企业，业务架构师逐步进行业务建模）。BPM 模型（如图 3-18 所示）可以指导业务架构规划。BMP 模型对流程本质进行了阐述，是岗位和岗位、部门和部门、企业和企业间端到端的协作机制。而管理的目的是把人员组织起来（岗位职责分工 / 岗位配合 / 人员识别 / 人岗匹配）、调度好（时机 / 顺序），使他们发挥出各自的力量。就如同 NBA 篮球团队一样，力求达到 1+1>2 的效能。BPM 流程管理已经成为企业数字化转型的主要方案，通过打造标准化和规范化的 BPM 层平台，助力业务流程自动化和数据动态可视化，帮助决策者实时掌控企业现状，实现业务敏捷，为数字化、平台化、智能化转型战略提供保障。

3.5 业务架构如何影响组织架构

人类社会从工业时代、信息时代发展到现在的智能时代，生产力和生产要素均已改变，数字化浪潮正冲击着每一家企业，推动着企业从仅专注于成本优化、灵活快速响应市场变化的传统经营思维转变为敏捷变化、快速适应的经营思维，所以企业需要通过架构变革来适应从个体计算到公共计算的云模式。

在这种背景下，偏保守的持牌金融机构如何转型为互联网消费金融组织架构，是一个需要思考的问题。Gartner 在 2014 年提出了双模 IT 的理念，并被广泛接受。双模 IT 是指两种不同的 IT 工作模式。模式 1 专注于可预测性，其目标是可靠、可用和低成本，适用于有监管要求等需求明确的工作。模式 2 适用于探索性的工作，需求在开始阶段并不明确，只知道项目的目标，需要业务、产品、研发、运维等部门一起来探索。根据康维定律，要实施双模 IT，需要在

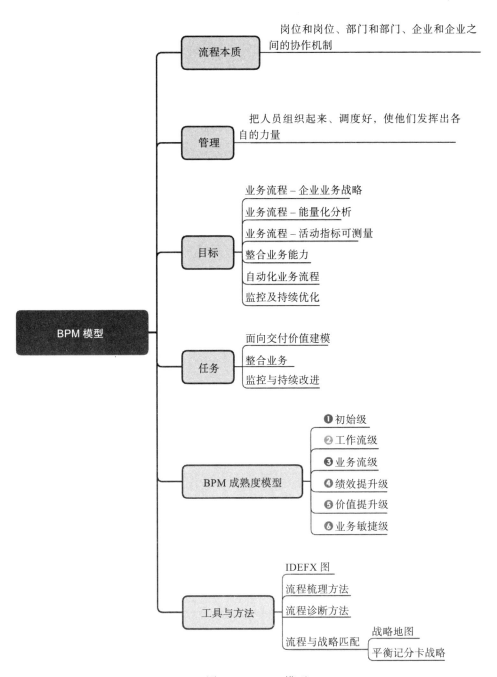

图 3-18 BPM 模型

如下几个方面做出组织架构、人才建设和技术选型方面的调整。

❑ 组织架构与组织文化层面，要从适用于模式 1 的职能型组织转型为适用于模式 2 的扁平化、跨部门架构。

❑ 在人才建设层面，需要在继续维护模式 1 的同时，抽调或者新增人员用于模式 2 的建设。对模式 2 的人员要有更高的要求，他们需要快速学习新技能，组建多技能团队。

❑ 在技术选型方面，模式 1 与模式 2 采用的技术完全不同。对于模式 2，团队需要克服陡峭的学习曲线，拥抱开源技术。

第 4 章 CHAPTER

业务架构案例分析

与传统金融业务通过规模化和专业化解决信息不对称的方式不同，互联网消费金融是通过金融科技来解决信息不对称问题，进而提升效率、降低市场交易费用。金融科技的快速发展为解决信息不对称问题提供了更多的解决方案，改变了金融行业的生态环境。下面将通过分析银行、消费金融公司、金融科技公司的业务架构来了解它们所做的探索。

4.1 银行消费金融业务架构

4.1.1 商业模式

我们以荣获《亚洲银行家》"最佳消费者金融产品"奖、以放款速度快著称的招商银行的线上个人贷款产品"闪电贷"为例，介绍银行消费金融业务架构。

受移动互联网及新金融的影响，获客难已经成为传统银行的普遍困境。部分银行开始通过与各类金融科技平台合作借助其科技优势和场景进行零售转型，部分银行则通过优化自建场景进行探索和创新。最早提出以零售业务为主体、对公和同业业务为两翼的招商银行，其零售业务是领先国内同行业的。笔者根据公开资料整理了招商银行零售信贷产品——闪电贷的商业模式画布，如图 4-1 所示。

商业模式画布：银行消费金融案例				
【8. 重要伙伴】 公安、法院、工商、社保、公积金中心、税务、通信运营商、电子商务公司、互联网平台、浙江诺诺网络科技有限公司、腾讯云、试金石、不动产登记中心	**【7. 关键业务】** 零售信贷：针对优质存量客户，通过零售信贷部提供线上小额信用贷款，基于大数据风控体系快速审批	**【2. 价值主张】** "金融科技＋消费金融"：提供简单、快捷、移动和7×24小时服务、注重客户体验、流程设计简单化的消费信贷产品；在线自助办理贷款，贷款的申请、审批、签约放款全流程系统自动化处理，无人工干预，7×24小时实时运行，客户可随时随地轻松获得贷款	**【4. 客户关系】** 自助申请，在线客服实时答疑，微信公众号品宣	**【1. 客户细分】** 聚焦零售中高端存量客群 **存量客户**：在招行办理存款、理财、收付易、代发工资等零售业务达到一定期限且个人资信良好、贷款没有逾期的用户 **新客户**：可以在线申请，若想提款必须去柜台开立招行一卡通账户
	【6. 核心资源】 稳定、低成本的资金来源 零售客户基础 成熟的信贷业务运营及风控体系	**大数据"授信＋风险定价"模型**：通过对行内零售客户的内、外部数据整合和应用，精准定位客户贷款需求，为客户提供全线上、全自助的贷款服务	**【3. 渠道】** App 网上银行 微信	
【9. 成本结构】 浮动成本：获客成本、风险定价成本、放款成本、贷后成本 固定成本：风控模型成本、运营成本、IT系统成本、IT基础设施成本、人力成本、管理成本等			**【5. 收入】** 贷款利率、逾期罚息、手续费、服务费	

图 4-1 招商银行商业模式画布

（1）客户细分

闪电贷定位优质消费客群（客户分级参见图 1-2），聚焦银行自身零售渠道高端存量客群，通过合作伙伴补充银行征信数据或资金提供方服务次优消费客群，根据存量客户、新客户、客户等级提供不同的交互体验。存量客户指在招行办理存款、理财、收付易、代发工资等零售业务达到一定期限且个人资信良好、贷款没有逾期的用户，可提前在线申请授信额度。新客户可以在线申请，若想提款，必须去柜台开立招行一卡通账户。

股份制银行、城商行、农商行等单位随着"金融科技＋消费金融"应用实践经验的积累，在服务好自身零售中高端存量客群的同时，逐步通过场景合作等方式服务下沉的中低收入的次优消费群。

（2）价值主张

随着商业银行零售转型深入推进，零售贷款占比逐步提升，闪电贷是招商银行"金融科技＋消费金融"的应用实践。其通过云计算、大数据、AI 等新金融科技将传统零售信贷业务变得更简单。闪电贷提供简单、快捷、移动的消费信贷产品。客户可在线自助办理贷款，贷款的申请、审批、签约放款全流程由系统自动化处理，无人工干预，7×24 小时实时运行，使客户可随时轻松获得贷款。

近年来，商业银行借助大数据"授信＋风险定价"模型对行内零售客户的内、外部数据进行整合和应用，精准定位客户贷款需求，为客户提供全线上、全自助的贷款服务，满足客户普遍的消费升级需求。

（3）渠道

闪电贷通过 App、微信、网上银行等线上渠道，提供更为高效便捷的业务申请方式。

商业银行已经加快了 App 板块的构建并转变经营思路，以 App 为核心打造微信、微博、门户、SDK/H5 场景嵌入等流量入口。除加强自身场景建设外，它们借助大数据、AI 等先进金融科技，通过开放银行、API Banking 等开放金融服务拓展获客渠道，提升渠道协同能力，提升服务效能，进一步提升客户体验，实现渠道移动化、场景化。

（4）客户关系

闪电贷通过提供自助申请、在线客服实时答疑、微信公众号品宣等建立和维护客户关系。

各商业银行通过搭建统一客户管理平台实现客户资源和信息集中管理、共享，并辅以智能营销平台强化新客户的开发、存量客户的运营、流失预警等，积极探索各类渠道的交叉销售经验，提高渠道的使用效率，针对客户开展有针对性的金融服务和营销。

（5）收入

商业银行开展消费信贷业务的主要收入来源为：贷款利率、逾期罚息、手续费。如果为联合贷，商业银行则可从资金方获得平台服务费。

（6）核心资源

商业银行有稳定、低成本的资金来源，有零售客户基础、成熟的信贷业务运营及风控体系。因为能对接人行征信系统，若辅以第三方征信平台补充非金融属性数据，那么借助大数据、人工智能等技术，商业银行将能充分挖掘客户背景、信贷行为及共性信息等数据，对客户进行全方位的综合评定。

（7）关键业务

闪电贷是一种从申请到放款仅耗时 60 秒的零售信贷产品，针对优质存量客户，通过零售信贷部提供线上小额信用贷款，基于大数据风控体系快速审批。该产品特点如下。

- ❑ 贷款额度：个人代发工资客户的额度在 30 万元以内，企业主的信贷额度一般在 20 万元以内。
- ❑ 贷款期限：个人客户分 1 年期、2 年期，企业主分 1 个月、2 个月和 1 年。
- ❑ 贷款利率：个人客户的贷款利率在每天万分之 4.2 以内，年利率约 15.12%；企业主的贷款利率在每天万分之 4.2～4.8。

（8）重要伙伴

闪电贷主要的征信数据来源方有：人行征信、公安、法院、工商、社保、公积金中心、税务、通信运营商、电子商务公司、互联网平台、浙江诺诺网络科技有限公司、腾讯云、试金石、不动产登记中心等。

股份制银行、城商行、农商行等单位开展消费信贷业务主要依靠人行征信系统，辅以第三方征信平台和场景方数据等。

（9）成本结构

成本由浮动成本和固定成本组成。

浮动成本包括获客成本、风险定价成本（数据成本、审核成本）、放款成本（支付成本、资金成本）、贷后成本（催收成本、坏账成本）。

固定成本包括风控模型成本、运营成本、IT 系统成本、IT 基础设施成本、人力成本、管理成本等。

4.1.2　业务规划需要考虑的问题

商业银行如何利用大数据、人工智能、云计算等相关技术将传统信贷业务与互联网金融进行融合创新？闪电贷以更集约的经营方式、更低的经营成本提升客户体验、提高零售业务价值、再塑现代化商业银行经营的模式，成为商业银行发展互联网消费金融极具价值的参考样本。

商业银行开展消费信贷业务需要进行全面分析并做好蓝图规划。下面主要以商业银行开展消费信贷业务的基本操作流程为主进行介绍。

1）信贷新产品准入：商业银行通过实施一系列的信贷政策和措施，控制信贷新产品可能带来的风险，以消除和减少其对银行经营不利的行为。新产品准入主要从以下几方面进行评估。

- ❑ 目标客户。信贷产品目标客户定位主要基于两个思路：一个是战略定位，另一个是品牌定位。
- ❑ 准入条件。根据贷款的目标客户定位，结合银行贷款要求确定准入条件，如鼓励类（优质信用卡用户）、限制类（年龄段外用户、不符合属地管理原则的用户）、禁止类（他行逾期用户、黑名单用户）。
- ❑ 贷款规定。主要涉及贷款的营销、申请、贷前调查、贷款审核、贷款审批、合同的签订、放款、还贷通知、贷后处理等方面。

2）营销和受理：营销有助于解决信息不对称的问题，重点需要掌握以下几点。

- ❑ 市场调研。找准市场的切入点，找准适合互联网消费信贷的目标市场。一个贷款产品不可能适合所有人。市场调研是贷款有效营销的必要过程，营销要有目的性地针对优质客户资源群体，因为有选择地进行贷款产品营销是成功营销贷款产品的关键。
- ❑ 营销计划和执行。选择投放渠道、准备营销材料、安排营销时间、执行营销计划、评估营销效果。

3）贷前调查：信贷调查，又称贷前调查、尽职调查，是对客户的整体资信状况、贷款的风险状况等进行全面评估，给出贷款的综合性评估意见。贷前调查应遵循客观、科学、公正的原则，采取定量与定性分析相结合的方法。贷前调查的主要手段包括信息查询、借款人面谈、电话访谈、实地考察、网络信息爬取与分析挖掘等。小额互联网信贷以三方信息查询为主，辅以电话访谈，对个别存疑客户进行身份确认。

4）贷款审核：对贷前调查阶段获得资料的内容进行全面、细致的审核。目前，小额互联网贷款多基于规则引擎等进行合规、合理性审查。

5）贷款审批：一般银行各级行信贷审批部门负责本级行权限内个人信贷业务的审批工作。小额互联网贷款主要以规则引擎为主，为信贷系统提供自动审批通过、自动审批拒绝、转人工等工作，需要人工审批的比例已经越来越少。

6）贷款发放：个人贷款的发放一般包括 4 个步骤，签订合同、落实放款条件、发放贷款、信贷台账登记。

7）贷后管理：贷后管理工作主要包括如下几项。

❑ 贷后的日常管理：贷款台账的建立、贷款提醒还款制度的建立、接受客户的贷款查询、客户信息的维护、贷款的正常回收管理等。

❑ 贷款的动态管理：对可能影响贷款质量的有关因素进行及时监控，对贷款操作流程的合规性进行定期和不定期检查，对逾期贷款及时进行催收等。

❑ 贷款的偿还管理：贷款的到期偿还、提前偿还、贷款的展期管理等。

❑ 信贷资产的五级分类以及对不良贷款的认定、处置和保全。

❑ 信贷资产检查等。

8）档案管理：信贷档案包括贷款档案目录（清单）、借款人全部申请材料、调查审记录、借款合同、担保合同、抵押物保单、公证书、各类会计凭证、通知书等。小额互联网信贷主要依据《数字签名法》对客户身份、交易全过程记录进行"数字证书 + 时间戳"的签名（存证），以保证证据链的完整。

9）消费信贷系统建设：根据业务功能、扩展性、支撑能力等关键需求对系统的定位、架构和落地方案进行分析和规划，如图 4-2 所示。

10）注意事项如下。

❑ 商业银行只有经当事人书面授权，才能查询个人信用信息基础数据库。

❑ 户口如果显示有曾用名或其他身份证号码，要进一步查询曾用名征信信息。

❑ 在贷款行业中，征信有不良记录的称为"黑户"，而没有借贷和担保记录的称为"白户"（也有称为"纯白户"，即征信里面什么内容都没有）。有时候，没有征信信息的比征信有污点更可怕，很可能是其他金融机构都不愿意介入的客户，所以针对这类客户，商业银行在授信过程中都比较慎重。

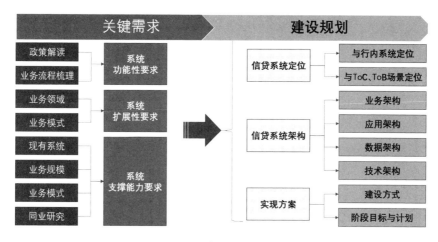

图 4-2 信贷系统建设

4.1.3 典型的业务架构

银行消费信贷整体业务架构如图 4-3 所示。

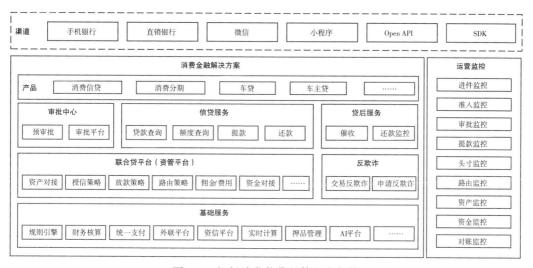

图 4-3 银行消费信贷整体业务架构

银行有手机银行、直销银行、微信、小程序、Open API、SDK、PC 网上银行等渠道。随着开放银行的兴起，Open API、SDK 等渠道扩展了银行的边界，将金融服务扩展到场景 App 中，构成了以用户为中心的多种触达渠道，如图 4-4 所示。

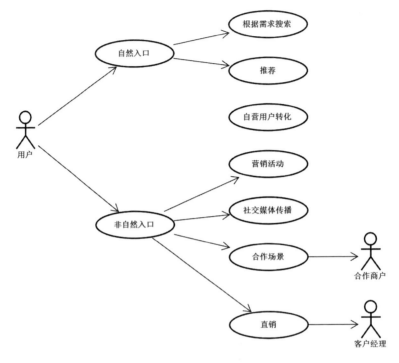

图 4-4　用户触达渠道

为了更好地服务用户，我们需要根据用户的需求提供多种信贷产品，如消费信贷、消费分期、车贷、车主贷等。为了给客户提供良好的体验，我们还需要根据用户画像评估用户的还款能力、还款意愿，灵活匹配信贷的额度、利率、期限、还款方式、担保方式、是否联合贷、协议等关键要素。比如，优质用户自营或导流给银行、次优用户导流给消费金融公司、小贷功能等机构，其他用户如果在本生态内无法满足借款需求，可以推荐给互联网信贷平台，在撮合和资产匹配的过程中综合考虑成本、流量转化率、资产稳定程度、资产质量、用户等方面因素，通过运营监控逐步调优以实现生态合作伙伴共赢。

4.1.4　需要规避的问题

（1）缺少全局规划

❑ 基于某个部门或产品进行局部业务需求建设，因部门墙导致业务孤岛。

□ 缺少统一规划指引的新需求，类似补丁一样不规范、不标准，最终可能导致补丁掩盖了原来的业务全貌。

（2）定位不清

□ 消费金融业务在银行整体战略中定位不清，导致资源投入和建设重点不够聚焦。

□ 产品定位不清。引流产品、盈利产品定位不清，或者产品针对的客群不够清晰，导致产品上线后运营监控混乱。

（3）应用与业务脱节

□ 产品封装不够充分，未实现销售产品和基础产品分离，导致服务复用率不高。多渠道、多平台产品需要定制开发，难以灵活响应市场变化，维护成本居高不下。

□ 业务与技术脱离，缺少既懂业务又懂技术的领域专家，导致业务和技术的冲突不断，难以快速甄别用户关键需求。

□ 需要大量人工操作，自动化程度不高，导致难以支撑业务规模化发展。

□ 缺少数据治理，数据质量不高，导致存在同类数据源多重对接，难以提供实时在线服务。

4.2　消费金融公司业务架构

4.2.1　商业模式

我们以头部持牌消费金融公司为例介绍消费金融公司商业模式，如图 4-5 所示。

（1）客户细分

消费金融公司客户定位为信用资质较差且不能获得银行服务的次优消费客群、次级消费群，以及少数需要银行之外的补充资金的人群。

（2）价值主张

消费金融公司借助移动互联网和大数据获客，通过对场景业务数据、外部数据整合和应用，精准定位客户贷款需求，为客户提供场景嵌入、全线上自助贷款服务。

商业模式画布：消费金融公司案例				
【8. 重要伙伴】 合作商户、三方征信机构	【7. 关键业务】 提供以生活消费为目的的小额、短期消费贷款 基于大数据风控体系快速审批	【2. 价值主张】 借助移动互联网和大数据获客，通过对场景业务数据、外部数据进行整合和应用，精准定位客户贷款需求，为客户提供场景嵌入、全线上自助贷款服务	【4. 客户关系】 通过与商户合作嵌入个人消费的多种场景，提供消费分期服务 通过App、微信、小程序多渠道自助申请，提供信用消费贷款 微信公众平台进行品宣	【1. 客户细分】 主要针对信用资质较差、不能获得银行服务的中低端人群 需要银行之外的补充资金的人群
	【6. 核心资源】 较低的资金成本 接入人行征信系统		【3. 渠道】 App 合作商户 微信	
【9. 成本结构】 浮动成本：获客成本、风险定价成本、放款成本、贷后成本、按贷款拨备率计提减值准备 固定成本：风控模型成本、运营成本、IT系统成本、IT基础设施成本、人力成本、管理成本等			【5. 收入】 贷款利率、逾期罚息、手续费、服务费	

图 4-5　消费金融公司商业模式画布

（3）渠道

消费金融公司通过 App、微信、支付宝生活号、SDK/H5 场景嵌入等线上渠道，提供更为高效便捷的业务申请方式，拓展获客渠道，实现渠道移动化、场景化。

（4）客户关系

消费金融公司通过与商户合作嵌入个人消费的多种场景提供消费分期服务；通过 App、微信、小程序多渠道自助申请，提供信用消费贷款；通过微信公众号平台进行品宣。

在 2019 年下半年，消费金融机构纷纷推出了会员制。针对不同等级的会员，消费金融公司在借款费率、会员权益方面会给予一定的优惠，在提升客户活跃度与黏性的同时实现差异化经营。

（5）收入

消费金融公司开展消费信贷业务的主要收入来源为：贷款利率、逾期罚息、手续费，如果为联合贷或者导流则有平台服务费。

（6）核心资源

消费金融公司资金成本较低，能对接人行征信系统并有第三方征信平台补充非金融属性数据，借助大数据、人工智能等技术，可充分挖掘客户背景、信贷行为及共性信息等，对客户进行综合评估。部分消费金融公司依托股东资源整合线上、线下资源，针对优质客户开展线下大额分期业务。

（7）关键业务

消费金融公司提供以生活消费为目的的小额、短期消费贷款，基于大数据风控体系快速审批。产品特点如下所示。

❑ 贷款额度：额度在 20 万元以内，一般线上授信额度在 1000 元～ 80000 元。

❑ 贷款期限：1 年期为主，支持 1 到 36 个月。

❑ 贷款利率：年利率在 24% 以内。

（8）重要伙伴

重要伙伴包括合作商户、三方征信机构：人行征信、公安、法院、工商、社保、公积金中心、税务、通信运营商、同盾、百融、鹏元、白骑士等。

（9）成本结构

成本由浮动成本和固定成本组成。

浮动成本包括获客成本、风险定价成本（数据成本、审核成本）、放款成本（支付成本、资金成本）、贷后成本（催收成本、坏账成本）。

固定成本包括风控模型成本、运营成本、IT 系统成本、IT 基础设施成本、人力成本、管理成本等。

4.2.2 业务规划需要考虑的问题

消费金融公司广泛对接消费场景，为客户提供全线上、免担保、低利率的普惠消费信贷服务。消费金融公司在业务规划时需要注意以下几点。

❑ 评估阶段：即评估业务市场价值，业务立项评估涉及法务、财务、技术、账务、支付、结算、模型、审批、反欺诈、催收、运营等方面。

❑ 产品方案设计阶段：设计交互流程、产品 / 技术评审。

❑ 评估实施资源：明确项目实施关键里程碑，以及投产所需 IT 资源。

❑ 上线运营：试点上线验证，并监控上线运行情况；分析业务数据及资产表现；根据实际情况进行线上问题解决、发起新需求优化、市场营销或暂停关闭等。

4.2.3 典型的业务架构

传统金融公司和银行的贷款发放和风控主要由信审员通过审核大量纸质材料决定，这种完全靠人工的模式决定了基本只能服务大额贷款，贷款办理的手续和周期也比较长。

随着互联网金融的兴起，风控平台能够在线自动审批。一个完善的自动化风控系统可以在 1～3 分钟完成审批和决策，从而可以覆盖传统银行和信用卡无法触及的用户。便利的贷款申请、快速的审核、分钟级的放款，这都是"80后""90后"比较青睐的在线服务。

消费金融公司发放的款项大多是小额分散的，没有任何抵押和担保。随着消费金融行业的崛起和规模扩大，整个行业面临的欺诈问题越来越严重，一批批的"羊毛党"和欺诈等"黑产"团体接踵而来。"黑产"团体的规模越大，意味着消费金融机构的损失就越大。

1. 业务架构介绍

一个典型的消费金融业务架构可以分为业务进件平台、大数据风险决策平台和运营平台，如图 4-6 所示。

公司一般有几个业务进件渠道。有些公司针对每个渠道开发一个进件系统，可能会将交易和账务放到中台统一处理，也可能会分别处理，这取决于公司 IT 架构的总体规划。

线上渠道的进件一般在线上处理，客户是在自有 App 或者合作渠道线上获取的，没有人工干预。这种渠道一般使用前端埋点、客户录入、身份认证等方式来设计反欺诈规则。

线下渠道的进件由业务员负责，包括客户资料收集、申请的流程。线下渠道的很大一部分风险的前置管控要靠业务员完成。

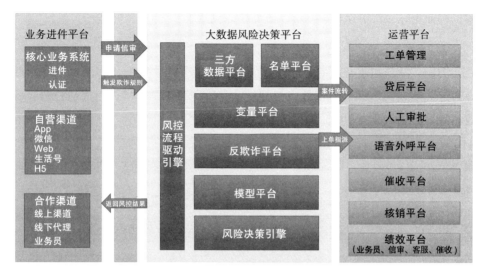

图 4-6　业务架构规划

进件系统完成前端反欺诈、认证和交易服务后，将所有的进件资料都提交到决策平台，由流程引擎来控制风险流程。产品不同，风险评估流程中执行的风险决策点也不同。

首先，查询第三方数据，根据第三方数据找出多头借贷、位于黑/灰名单和评分低的客户。

没有拿到征信牌照的公司不仅需要对数据源进行多路主备线管理，还要能自动、实时切换，保证高可用性，并要保证风控模型的容错性。当缺失某项数据时，风控模型对用户的判断能力会下降多少？决策规则与评分策略能否同步调整？这些都是需要考虑的问题，还要考虑征信成本。

其次，根据用户数据执行反欺诈流程，判断用户的欺诈概率。

最后，根据评分表和风险规则输出决策结果和用户风险等级。

决策引擎转人工需要进入人工信审平台进行风控审核。

贷中任务包括客户评估、调额、冻结和还款。风控任务是对资产负债、经济收入状况等进行监控，一般手段是对设备、手机号、电商消费、信用卡、网络行为等进行监控，间接推测该客户的资金变化情况。贷后任务包括催收、客服，主要是帮助催收，找到有用的信息；或者根据贷款表现和还款情况，对优质客户进行增信提额，对次级客户进行减信降额，同时可以进一步增强风控标签，进而更好地营销促活和复贷。核销任务包括 M3+ 的不良处理。

2. 在线贷款生命周期

目前，欺诈风险是消费金融风控的重点，整个行业 75% 及以上的风险是欺诈风险。欺诈的形式有很多种，如常见的身份伪冒、中介黑产、伪造材料、恶意套现等。欺诈主体不同，防范风险的手段和形式也不同。

一个完整的风控管理业务架构需要包括对借款全生命周期管理，是一个极为复杂的过程，每一个流程都会影响整体的风控质量，如图 4-7 所示。

图 4-7　在线借款全生命周期管理

3. 贷前、贷中和贷后业务流程

1）贷款申请：该环节把不符合最基本要求的人进行拦截，节约成本，提高效率，提高客户体验。对于贷款申请用户，系统会有一系列风控评估标准，如图 4-8 所示。

2）贷款审核：风控建模可借助函数的定义，也可借助评分卡进行补充。评分卡模式也可用于系统审核与人工信审，譬如，高于 X 评分的贷款申请，系统直接通过；处于 X 与 Y 之间的评分，则需人工审核，甚至通过电话联系；而低于 Y 评分的贷款申请，系统会直接拒绝。贷款审核流程如图 4-9 所示。

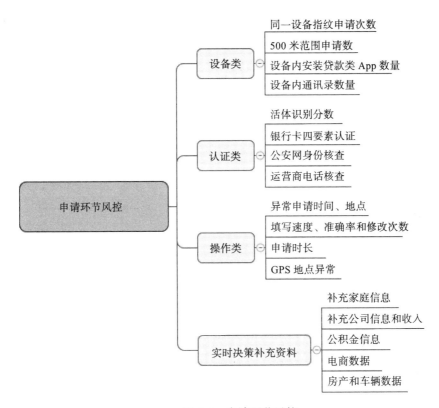

图 4-8　申请环节风控

3）贷中监控：对额度内交易进行风险预判，以借款人为核心对其社交网络进行分析，以借款人的交易行为、还款行为、设备使用等行为的第三方数据做交叉验证，提前发现用户的潜在风险，对借款人的账户和额度做实时管控，执行账户冻结、降额、止付、提前催收、黑/灰名单等，如图 4-10 所示。

4）贷后管理：管理借款人的新增风险，包括多头贷款、其他平台逾期、失联、地址变动，并进行信用恶化监控、借新还旧监控，以及对用户的失联修复等，如图 4-11 所示。

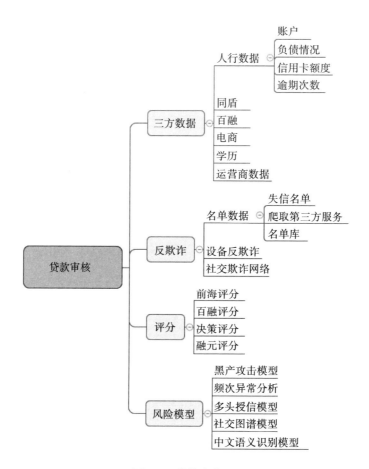

图 4-9　贷款审核

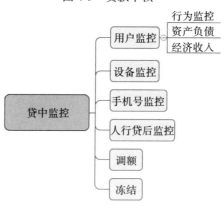

图 4-10　贷中监控

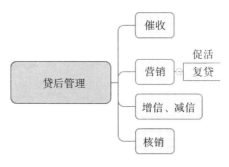

图 4-11 贷后管理

4.2.4 展业需要规避的问题

根据消费金融业务场景的需要，设计应用的层次结构，制定应用规范、定义接口和数据交互协议等，并尽量将应用的复杂度控制在一个可以接受的水平，从而在快速支撑业务发展、保证系统的可用性和可维护性的同时，确保应用满足非功能属性要求（性能、安全、稳定性等）。消费金融业务进件需要考虑规避有欺诈风险的用户。

消费金融公司因为需要广泛对接消费场景，所以需要设计完备的额度体系，从客户级额度、渠道级额度、账户级额度、产品级额度等几个方面进行控制。

4.3 金融科技公司业务架构

4.3.1 商业模式

某上市金融科技公司以用户为中心，通过最简单、快捷、高效的流程，用心的服务，以及完善的风险管控体系，一端连接用户，另一端连接各大金融机构，打造卓越的用户体验，在构建资产流量场景的同时进行金融科技输出，如图 4-12 所示。

（1）客户细分

该公司主要客户定位为受过高等教育的高成长人群和低收入年轻人群。从国内外统计数据来看，年轻人永远都是消费金融市场中最优质、信贷消费潜力最大的群体。这些年轻人因为有高学历背景以及高收入潜力，又常常习惯超前消费，所以是消费需求最大和收入错配程度最高的群体。

商业模式画布：金融科技公司案例				
【8. 重要伙伴】 电商平台 融资机构 保险公司 物流 三方征信数据源	【7. 关键业务】 打通场景、金融、权益三个痛点，激发消费欲望，构建消费场景，提供消费产品，匹配消费资金，完成消费闭环	【2. 价值主张】 年轻人的信用消费平台；以用户为中心，通过最简单、快捷、高效的流程、用心的服务，以及完善的风险管控体系，打造卓越的用户体验	【4. 客户关系】 通过地推、App、微信、小程序、合作商户、社区多渠道稳固客户关系	【1. 客户细分】 受过高等教育的高成长人群和低收入年轻人群
	【6. 核心资源】 流量资产 高成长客户资源 通过核心机制为用户提供全新的消费场景		【3. 渠道】 地推 合作商户 App 微信 广告	
【9. 成本结构】 浮动成本：获客成本、风险定价成本、放款成本、贷后成本 固定成本：风控模型成本、运营成本、IT系统成本、IT基础设施成本、人力成本、管理成本等			【5. 收入】 利息、手续费、服务费、产品销售费用、广告费	

图 4-12　金融科技公司商业模式画布

2017年起，中国银保监会、教育部、人力资源社会保障部联合印发《关于进一步加强校园贷规范管理工作的通知》（以下简称《通知》）。根据《通知》要求，目前只有银保监会批准的持牌金融机构才能进入校园为大学生提供信贷服务。因此近几年，以电商为代表的金融科技公司陆续与银行合作开展校园信贷业务。

（2）价值主张

该公司以用户为中心，通过最简单、快捷、高效的流程、用心的服务，以及完善的风险管控体系，打造卓越的用户体验。

（3）渠道

金融科技公司最早认识到流量为王，所以通过地推、合作商户、App、微信、广告等多种渠道协同获取流量。

（4）客户关系

该公司通过地推、App、微信、小程序、合作商户、社区多渠道稳固客户关系。

（5）收入

该公司的主要收入来源为利息、手续费、服务费、产品销售费用、广告费。

（6）核心资源

该公司凭借流量资产，可以从合作金融机构获得较低的资金成本。因为掌握高成长客户资源，所以能有效地平衡收益和风险。通过核心机制为用户提供全新的消费场景，打造消费金融生态。

（7）关键业务

该公司通过打通场景、金融、权益这 3 个痛点，激发消费欲望，构建消费场景，提供消费金融产品，匹配消费资金，完成消费闭环。另外，通过营销推广吸引流量等方式，打造消费金融生态。产品特点如下所示。

❏ 贷款额度：额度在 20 000 元以内，一般线上授信额度在 1000 元～ 10000 元。

❏ 贷款期限：1 年期为主，支持 1 到 36 个月。

❏ 贷款利率：年利率在 36% 以内。

（8）重要伙伴

该公司重要伙伴包括合作商户、电商平台、融资机构、保险公司、物流、三方征信机构。

（9）成本结构

该公司成本由浮动成本和固定成本组成。

浮动成本包括获客成本、风险定价成本（数据成本、审核成本）、放款成本（支付成本、资金成本）、贷后成本（催收成本、坏账成本）。

固定成本包括风控模型成本、运营成本、IT 系统成本、IT 基础设施成本、人力成本、管理成本等。

4.3.2　业务规划需要考虑的问题

金融科技公司向金融机构提供获客、授信审查、风控、贷后管理等环节的服务。金融机构重点关注金融科技公司的资产质量、股东背景、品牌流量、经营情况等。在资产质量方面，金融科技公司需要考虑推荐的资产质量，并通过监控手段对不同等级用户进行资产流量分发。

从金融科技公司业务模式来看，业务规划需要围绕如下3方面来考虑。

（1）底层征信和风控体系的优化

随着金融科技公司业务的不断拓展，消费者违约的风险正逐步增大。在业务拓展上，消费金融主要受制于征信数据的匮乏。没有足够的征信数据支撑，特别是很多金融科技公司无法接入人行征信数据，导致很难大胆地拓展市场和获取用户。

在可预见的未来，底层征信和风控体系的完善程度将成为金融科技公司的硬性评判标准。公司想要做强、做大，就必须先构建好底层征信和风控体系。

（2）更高效率的资产和资金端的对接

随着资金和资产对接体系的逐步完善，资金出口和资金入口会被消费金融公司更好地通过各类模型对接起来，进而达到更高效率的资金利用和更低风险的投资。

金融科技公司资金来源较广泛。丰富公司资金来源是公司比较重要的能力之一。业务架构上，金融科技公司需要考虑资金和资产的匹配对接。

（3）消费品服务范围以及消费场景上的拓展

风险和发展速度/规模是一个动态平衡的关系。消费金融服务商既要快速切入传统金融机构和巨头难以覆盖的客群或场景，又要在保持增速的同时具备更高运营效率、更低获客成本、更好风控水平等综合能力，在风险和规模的平衡中掌握对核心资产精准定价的能力。

4.3.3 业务架构特点

金融科技公司的业务架构与持牌机构有所不同。金融科技公司的业务架构需要充分考虑资金端、金融机构等合作方的业务需求，可以为线上和线下用户完整地提供优质、便捷的消费金融服务。

❑ 具备快速迭代和数据驱动能力，能方便地进行渠道对接，保障资金安全。

❑ 能根据市场变化和业务调整实现产品管理的灵活配置，可配置多种计算方式和借款周期。

❑ 具备完善的风险运营体系。

❑ 可做到贷中用户监控和管理、贷后催收、逾期管理。

　　❑ 有完备的用户运营体系、用户分析模型和用户营销模型。

4.3.4　展业需要规避的问题

　　自《关于规范整顿"现金贷"业务的通知》（以下简称"141 号文"）明确规定了银行业金融机构不得接受无担保资质的第三方机构提供的增信服务以及兜底承诺等变相增信服务以后，金融科技公司需要由融资性担保公司和保险公司等第三方机构担保，才能开展相关业务。

　　金融科技公司开展消费信贷业务应避免高利贷、砍头息。2019 年 10 月，最高人民法院、最高人民检察院、公安部、司法部发布的《关于办理非法放贷刑事案件若干问题的意见》正式实施。这份文件对非法放贷做出明确定义，同时划定了放贷的边界。放贷年利率超过 36% 属于非法放贷。放贷年利率的计算也有明确的划分，即应该以借款人实际到手的金额来计算放贷年利率。

　　金融科技公司开展消费信贷业务应杜绝暴力催收。2019 年 12 月，央行发布《中国人民银行金融消费者权益保护实施办法（征求意见稿）》（以下简称《意见稿》）。《意见稿》明确金融机构向金融消费者催收债务，不得采取违反法律法规、违背社会公德、损害社会公共利益的方式，不得损害金融消费者或者第三人的合法权益。金融机构委托第三方追讨债务时，应当在书面协议中明确禁止受托人使用前款中的追讨方式，并对受托人的催收行为进行监督。

4.4　典型业务架构分析

　　在互联网消费金融的下半场，消费信贷业务增量见顶，商业银行、消费金融公司、金融科技公司开始在同质化的存量市场进行合作。如何从同质化的消费金融产品中突围，可能是每个互联网消费金融从业者都在考虑的问题。

　　为了便于大家理解消费金融的业务架构，下面按照企业架构规划进行说明，如图 4-13 所示。笔者主要介绍业务能力模型、业务组件模型、业务事件和流程模型。

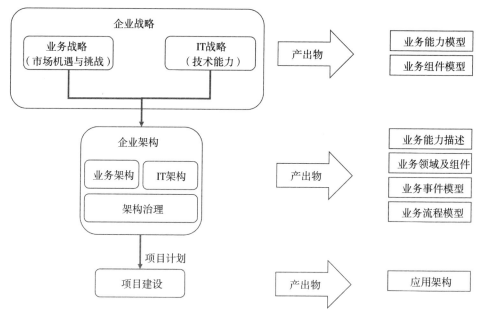

图 4-13　企业架构规划

4.4.1　业务能力模型

为了应对未来消费金融业务模式互联网化、产品建模工厂化、客户服务智能化、应用设计场景化、技术架构平台化、数据分析智能化、能力建设体系化，每个锐意进取的消费金融参与主体都应该寻求进步，避免惯性思维。

1. 用户体系

下面围绕什么是用户体系、缺少用户体系会面临的问题、如何构建用户体系、用户体系的衡量标准这 4 个问题展开介绍。

（1）什么是用户体系

用户是商业模式中最重要的一部分，了解用户并制定策略赢得用户，这样的商业模式就已经成功了一半。互联网消费金融中的用户体系是指为用户提供分级授权和服务，并通过多维度的激励机制实现企业商业模式的正向循环，如图 4-14 所示。

图 4-14 用户体系

（2）缺少用户体系会面临的问题

❑ 对谁拉新？

❑ 激活哪些用户？

❑ 哪些用户需要留存？

（3）如何构建用户体系

在制定用户体系时要考虑 5A 策略，即在任何时间（ Anytime）或地点（ Anywhere），任何人（ Anybody）交易任何商品或服务（ Anything）时，使用任何一种货币（ Any kind of currency）。

在设计用户体系时，我们需要注意以下几点。

❑ 整体设计用户体系和账户体系，虽然二者从物理上相互隔离，但相互影响还是比较大的。

❑ 建立开放式的用户体系。未来的趋势是金融平台化、开放融合，所以在设计时要考虑对通过合作商户获客的 2B2C 模式的支持，因为更多时候客户也是合作商户的，资金方仅提供了产品服务或资金，客户仅了解合作商户的存在，不关注资金方的存在。

❑ 即使当前未开展营销互动，也要做好积分和虚拟货币交易账户的设置或者知道其放在哪一个系统、由哪一层来实现。

❑ 通过体系建设，提升金融机构服务能力，如图 4-15 所示。

❑ 互联网消费金融是数据驱动的，需要站在全局视角考虑用户中心主题数据的设计，如图 4-16 所示。

图 4-15 体系建设

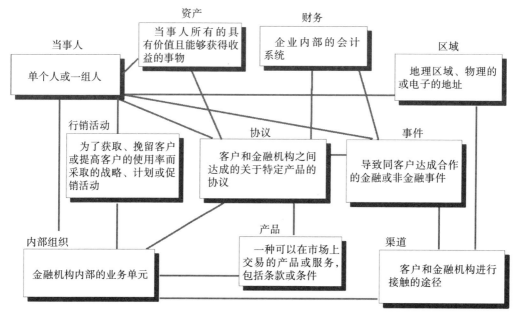

图 4-16 用户中心主题数据

（4）用户体系的衡量标准

"海盗指标"（AARRR）是常用的用户体系数据分析框架。"海盗指标"是由 500 Startups 投资人 Dave McClure 提出的一套分析不同阶段的用户获取的模型。根据不同阶段的用户参与行为的深度和类型，公司需关注的指标被分为 5 大类：获客（Acquisition）、激活（Activation）、留存（Retention）、收入（Revenue）、传播（Referral），简称 AARRR。而互联网金融用户又包括游客、用户、账户、客户。二者结合起来就形成了图 4-17 所示的 AARRR 用户模型。

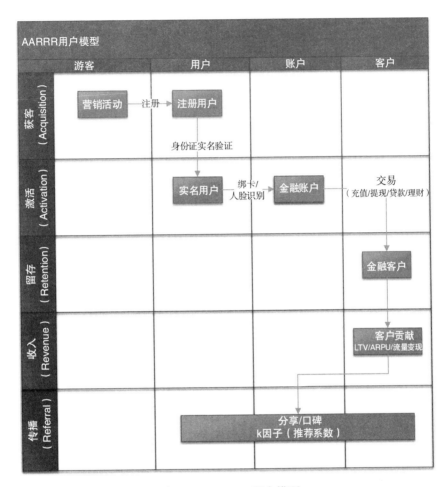

图 4-17　AARRR 用户模型

传统金融的存、贷、汇场景为低频场景，最近很多金融机构推出的聚合支付为高频场景，类似信用卡、支付宝花呗、京东白条。越是高频的场景越容易形成黏性和病毒传播，进而反向推动金融机构通过技术或业务创新解决效率和金融安全的矛盾。

硅谷创业家、《精益创业》的作者 Eric Ries 提出了驱动创业增长的三大引擎：黏着式增长引擎、病毒式增长引擎、付费式增长引擎（增长 = 新增 + 留存 + 挽回）。这三大增长引擎对应产品所处的 3 个阶段，且它们各自有对应的关键指标。

1）黏着式增长引擎。该引擎重点是让用户成为回头客，持续使用你的产品。黏着式增长引擎与"海盗指标"中的留存类似，最直接的关键指标是留存率，此外，还需要关注流失率、用户使用频次、用户使用时长等。

2）病毒式增长引擎。该引擎指的是让老用户不断传播而获取源源不断的新用户，关键指标是病毒式传播系数，即每个用户带来的新用户。除此之外，该引擎还关注哪些行为形成了一个病毒传播周期，以及传播周期等。

3）付费式增长引擎。通常来说，一个产品有了黏着式增长引擎（产品具有价值）、病毒式增长引擎（用户量），才会启动付费式增长引擎，即商业变现。需要明确的是，变现本身可以印证商业模式是否可持续。针对付费式增长引擎，我们需要关注的核心指标是客户终身价值（CLV）、获客成本（CAC）以及客户盈亏平衡时间。

2. 账户体系

凯恩斯在其名著《货币论》中指出，现代货币的主要形态是账户货币。因此，货币金融活动既有数量方面的意义，又有时间方面的约束。更重要的是，其活动更为直接，是在账户间或账户关系中实现的，并被有关账目记录。这个账户体系的基础就是商业银行的账户体系，证券、期货、信托等金融活动所开立的账户都根植于商业银行的账户体系。

对于消费金融参与主体而言，账户体系全面反映了企业的经营和资金变化情况。良好的账户体系设计便于做会计账簿和会计报表。根据经验，笔者将账户体系整理为账户能力、账户分类、账户组成、账户操作、账户管理层次、账户视图 6 个方面。

1）账户能力。即基础的账户管理能力和满足互联网消费信贷的场景支持能力、营销支持能力。笔者根据经验，重新设计了账户。图 4-18 是重构后的互联网消费金融账户。

2）账户分类。账户分类方法很多，如图 4-19 所示。

3）账户组成。账户由基础信息、用户属性、业务规则、交易记录组成。

4）账户操作。可以分为金融交易和非金融交易操作，如图 4-20 所示。

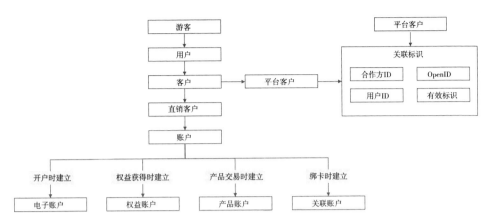

图 4-18　重构后的消费金融账户

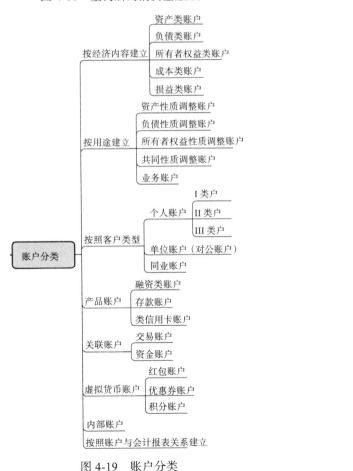

图 4-19　账户分类

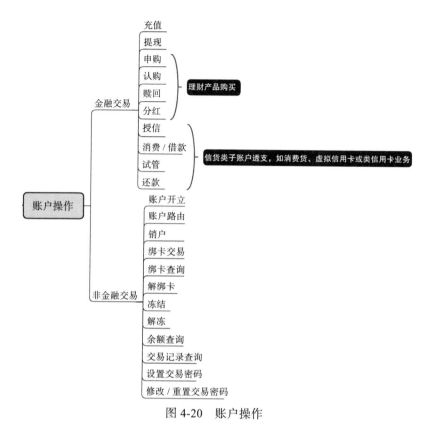

图 4-20　账户操作

5）账户管理层次。为方便按资金的归属机构或资金类别分设多级账户进行独立分类核算，我们需设计母实子实、母实子虚、母虚子实等多种账户管理模式，以满足资金管理各种需求。

6）账户视图。为了满足业务需要，账户需要提供多种视图管理功能，如图4-21所示。

3. 产品体系

产品创新能力是消费金融参与主体的核心竞争力之一。理想状态下，消费金融公司都希望产品实现矩阵效果，如图4-22所示。

为了提升产品竞争力，消费金融公司需要从产品库、产品策略、产品定价、产品参数配置服务、产品特性、产品生命周期、产品配套资源、产品评估几个方面制定一套完善的产品体系。

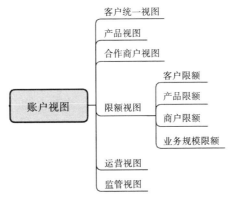

图 4-21　账户视图

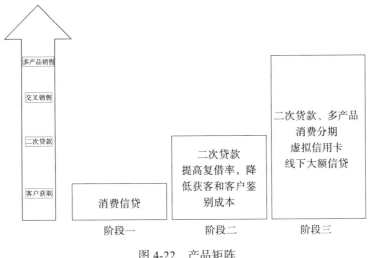

图 4-22　产品矩阵

1）产品库包括产品目录、按业务分类（如资产、负债、中间业务、衍生金融产品等）、按客户分类（如个人、对公、同业）、按币种分类（如本币产品、外币产品）、产品层次（如核心产品、形式产品、期望产品、扩展产品、潜在产品）、产品规划、产品定义、产品统计等。

2）产品策略包括引流产品（如免费、非常便宜）、过渡产品（如中等价格、中等费用）、主力产品（如高利润、超高利润）、裂变产品（如客户高回报、推荐返现等）、竞品分析（如目标客户、功能、生态、渠道布局）等。

3）产品定价包括挂牌定价、定价政策管理、市场收益曲线管理、定价跟踪管理（如 EVA 测算、定价合规审计等）、数据集市等。

4）产品参数配置服务包括基础产品参数配置、可售产品参数配置等。

5）产品特性包括无形性、关联性、可行性、组合性、易模仿性等。

6）产品生命周期包括进入、成长 / 上升、成熟、衰退、退出，要确定当前产品所属阶段，并制定与之匹配的产品策略和配套资源。

7）产品配套资源包括渠道环境、营销资源、功能与开发、产品核算等。

8）产品评估包括产品体验、客户需求、产品评价等。

4. 定价体系

定价体系旨在确保消费金融参与主体能在有效评估风险后获得合理的回报，并促进经营管理机制转变，增强可持续发展的能力。定价体系需要标准化、准确，符合数字化运营要求，如图 4-23 所示。

5. 数字化运营体系

数字化运营体系体现了对内 / 对外宣导企业价值追求，实现对内优化产品、对外提升用户体验与品牌影响力。数字化运营体系包括广告促销、内容营销、社会关系、营销活动管理、营销工具管理、客户管理、营销策划与预算、营销效果分析、运营模型、营销闭环等方面。

1）广告促销包括移动营销、屏幕终端、搜索排名、社交广告、短视频、在线直播等方式。

2）内容营销包括流量终端、视频营销、互动内容营销、邮件营销、A/B 测试、SEO 等。

3）社会关系包括客服中心呼入呼出分析、社交媒体营销与监控、活动会议、客户忠诚度维系与交叉销售、品牌影响力、用户反馈与调研、社区评论、客户体验、CRM 等。

4）营销活动管理包括新客户获取、存量客户维系、内 / 外 + 线上 / 线下活动统一管理等。

5）营销工具管理包括微信公众号、微信小程序、支付宝生活号、百度小程序、头条号、短信、邮件、App 终端投放等。

6）客户管理包括 ECIF、ACRM、OCRM 等。

7）营销策划与预算包括任务指标、营销策略（如组合营销策略、联合营销策略、端到端营销策略）、营销推动计划、考核奖励政策、营销预算等。

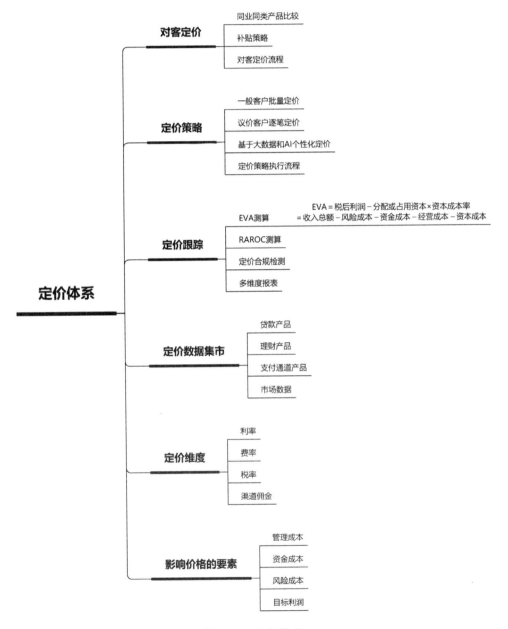

图 4-23　定价体系

8）营销效果分析包括渠道细分、流量质量、事件分析、转化漏斗、用户留存、ROI 等。

9）运营模型包括市场层（如行业报告、竞争对手情况爬虫与分析、市场形式分析）、用户层（如目标客户规模、特性与定位、行为、转化率、反馈）、产品层（如访问量、热点分析、成交数据、转化分析）、合作层（如场景融合、交叉销售）等。

10）营销闭环包括客户洞察（如用户行为分析、用户画像）、举措设计（如产品设计、渠道选择、营销主题、活动设计）、执行管理（如营销管理、管理可视化、归因分析、数字化决策）、分析反馈（如执行评价、奖惩措施、执行反馈）等。

6. 风控体系

国内各金融机构正在逐步构建和完善包括欺诈风险、信用风险、操作风险、市场风险、技术风险在内的全面风险管理与控制体系。这其中既包括风控执行体系的建设，也包括业务组织架构的建设。风控体系包括认识风险、识别风险、风险处置、基础功能与能力等方面。

1）认识风险包括认识影响风险的因素（如客户人群、运营覆盖区域、信息不对称、掌握信息是否足够）、欺诈类型（如假冒身份、团伙欺诈、虚假资料）、参与对象（如外部个人、外部团伙、商户参与、员工参与）等。

2）识别风险包括识别欺诈风险、信用风险、操作风险、市场风险、技术风险等。

3）风险处置包括处理方式（如前期、中期、后期）、控制策略（如风控政策、基于大数据和 AI 的风控模型、完善数据采集和分析、合作商户）、处置方案（如生物探针、设备指纹、代理检测、指标计算、风控引擎、名单库、欺诈信息库、位置与地址信息库、知识图谱分析）。

4）基础功能与能力包括风控体系能力（如统一数据集市、统一数据采集与加工、侦测策略、侦测流程、实时、准实时、批量风险侦测结合、统一数据上报）、功能（如业务类的告警、案件调查、交易风险控制、侦测处理，运营类的运营管控、流程管理、策略管理，数据分析类的数据整合、数据分析，风控模型类的模型设计规划、变量加工、元数据）等。

7. 清算体系

支付清算即在收付款人开户机构间交换支付指令，以及清算待结算的债权和债务。清算体系也是其他金融交易的基础。清算体系包括关键环节、业务要求、清算模块、支付通道等。

1）关键环节包括清分、资金划拨两个阶段。

2）业务要求包括多层级清算、多法人清算、实时清算、批量定时清算、头寸预警、净额清算、全额清算、按机构实时／定时灵活设置、普通贷记业务、普通借记业务、实时借记业务、其他支付业务。

3）清算模块主要功能如下。

❑ 账户管理，包括账户开立、账户查询／修改、销户、内部账户冻结／解冻、内部账户分户管理。

❑ 交易记账管理。

❑ 清算信息查询，包括流动性查询、头寸查询。

❑ 控制规则，包括额度控制、交易规则、风险控制规则。

❑ 会计账务处理，包括正常记账、红蓝字冲补账、多借多贷、表外记账、抹账。

4）支付通道包括大额实时支付系统、小额批量支付系统、网上支付跨行清算系统（超级网银）、同城票据清算系统、境内外币支付系统、全国支票影像交换系统、银行业金融机构行内支付系统、银行卡跨行支付系统（银联跨行交易清算系统）、城市商业银行资金清算系统、农信银支付清算系统、快捷支付、三方支付、央行主管的清算系统。

8. 核算体系

完整的会计核算体系是金融产品、渠道展业的基础。了解核算体系有助于我们了解账户体系的建立。核算体系包括会计核算业务要求、交易要素与会计要素关系、会计凭证、安全保障、功能与能力等。

1）会计核算业务要求包括按照产品设定核算科目（如本金、利息、手续费等）、业务办理与会计核算分离、交易过程记录、会计核算端定义核算规则、通过异步的方式分析／加工产生最终的会计核算信息、生成总账。

2）交易要素与会计要素关系包括交易要素、分录记账要素、内部账要素、总账要素。

3）会计凭证包括原始凭证、记账凭证、单式凭证、复式凭证等。

4）安全保障包括核对机制、自动挂账、分总核实等。

5）功能与能力包括科目管理、内部账管理、日间管理、清算处理、核算、核查对账、损益重估、计提/结转、总账管理、多币种会计核算、年终处理、股金管理等。

9. 额度体系

额度体系是指通过综合评价客户资信状况、授信风险和信用需求等，在信用风险限额的基础上核定授信额度，并通过对授信额度的使用、恢复、监控管理来统一控制客户信用风险。为了便于理解额度体系，我们需要首先理解两个概念。

❑ 信用风险限额：按照客户信用评级办法测算出未来一段时期内消费金融从业主体能够承受的最大信用风险总量。原则上，授信额度不能超过信用风险限额。（消费金融公司试点管理办法规定，消费金融公司贷款限额 20 万元，商业银行互联网贷款新规《商业银行互联网贷款管理暂行办法》规定个人信用贷额度不超过 30 万元。）

❑ 授信额度：分为综合授信额度和专项授信额度两类。综合授信额度可以包含一个或多个业务品种，允许定义品种间的调剂额度；专项授信额度只能包含一个业务品种，明确不能调剂业务品种的单项额度。

额度管理主要是对额度的属性进行管理，主要包括币种、授信总金额、是否可循环、担保方式、业务明细说明、额度使用条件、额度批准日期、首次提款日期、额度生效日期、额度有效期、协议起始日期、协议到期日、额度项下最长期限、客户号、经办人、经办机构、登记人、登记机构、调剂系数等。

额度管理主要包括额度查询、额度设立、额度调整、额度使用、额度串用、额度冻结、额度解冻、额度恢复、额度到期管理等。

额度管理通常伴随着限额管理，主要包括限额设定、限额调整、限额占用、限额释放、限额检查等。

在实操或者系统实现过程中，我们通常以客户和业务两个视角来设计额度。

❑ 以客户的视角设计的额度可以分为循环授信额度、非循环授信额度、兜底担保额度等。

❑ 以业务视角设计的额度可以分为账户额度（即按照产品或借据维度）、业务额度（即现金分期额度、消费分期额度、临时额度、专项额度、交叉授信额度等）。

10. 开放服务体系

开放、赋能、平台化正成为全球银行业的浪潮。在中国，伴随着金融市场改革与金融科技的兴起，消费金融参与主体纷纷进行开放和赋能转型。下面围绕"为什么开放、为谁开放、如何开放、可能遇到的问题"展开讨论。

（1）为什么开放

开放是平台化战略的战术体现，可以最大限度地促进平台内多方"玩家"的互动，让一方"玩家"带动另一方"玩家"实现规模化增长，并获取如下相关收益。

❑ 争夺用户。

❑ 产品与服务价值呈现，探索新的业务场景和业务模式。

❑ 获取资源。

（2）为谁开放

开放的目标对象为合作商户、同业机构、开发者。

（3）如何开放

开放服务体系需要具备的能力包括如下几种。

❑ 安全与分控能力包括生物识别（人脸识别、声纹识别、指纹识别）、多因子身份认证（如四要素、联网核查、设备认证、活体检测与证件照比对）、反欺诈（如申请反欺诈、交易反欺诈）、信息安全（如数据安全、传输安全、网络安全等）。

❑ 金融服务能力包括账户服务、支付服务、场景信贷、缴费服务、供应链服务等。

❑ 生态与合作商户管理能力包括合作方尽职调查、合作方中期检查、合作方舆情监控、合作方履约能力评估等。

在设计阶段，我们要基于标准和规范有序开展，避免混乱。

❑ API 标准包括 API 设计标准、SLA、版本控制、服务目录、状态码标准。

❑ 数据服务标准包括 SLA、实时数据服务标准、批量数据服务标准、数据隐私保护与合规检验标准、数据授权标准、可开放数据类型标准、数据质量标准、数据展现形式标准等。

❑ 对接管理标准包括安全标准、服务计价标准、入驻标准、对接流程标准、接入规范。

开放平台关键功能包括门户 Portal、服务接入网关、服务管理、服务代理、服务注册与发现、安全、管理平台、接入审批、服务生命周期管理、应用管理、交易管理、参数管理、运维监控平台、沙箱（测试环境）、SDK 等。

（4）可能遇到的问题

❑ 开放只是某个部门的事情，还没有上升到企业战略层面或者说缺少战略路线（应明确未来方向与价值、聚焦工作目标、先内后外、从一到多等）。

❑ 对自身现状了解不够全面，主要体现在对已有的资源过于乐观，这可能导致看清了方向，但没有足够的资源撬动市场。

❑ 业务战略定位不清，长期战略与短期战术搭配不当，这时需要通过 MVP 快速验证来一步一步明确定位。

❑ 从众心理过重，导致创新匮乏。产品创新一出现，同业马上跟进推出，不久蓝海就变为红海。

❑ 缺少开放平台服务矩阵：流量、用户黏性、面向收入、创新服务、风险控制。

❑ 部门墙林立，缺少组织协同。

4.4.2　业务组件模型

有了业务能力模型，就可以通过组件化业务模型（Component Business Modeling，CBM），构建企业业务蓝图。图 4-24 所示的是消费金融的组件化业务模型，纵向是开展消费业务的关键能力，横向是由规划层、控制层、执行层 3 部分组成的战略落地的职能层次。

❑ 规划层：一般公司决策层比较关注，由企业战略部或企业架构师负责关键成果产出。该层组件应该向其他层的组件提供战略方向和公司策略，还应该促进组件间的配合。

❑ 控制层：一般中层管理者比较关注，由主管／经理负责将战略规划分解并落实到日常运营工作中。该层组件与规划层和执行层的组件相互制衡和促进，实现监控业绩、管理例外情况以及监控资产和信息。

❑ **执行层**：一般具体的项目负责人比较关注。该层组件可促进企业的价值实现。它们处理各种资产和信息，供其他组件或者最终客户使用。

	业务与资源管理	产品研发	客户管理	营销与服务	产品运营	开放渠道服务	业务组合管理	财务管理
规划	业务规划	市场分析与细分	客户组成	客户营销	产品运营规划	渠道规划	资产负债政策	财务政策分析
	业务政策及程序	市场活动规划	客户分析	金融服务规划		渠道服务规划	资产负债规划	财务规划
	外部单位关系战略	产品组合决策	客户挖掘			开放服务规划		
控制	业务与 IT 架构规划	产品研发管理	客户行为模型	账户服务管理	产品运营管理	渠道管理	资产负债产品组合管理	财务控制
	业务组织管理	市场营销活动管理	客户盈利分析	智能营销管理	产品运营监控	渠道服务管理	风险组合管理	财务核算
	审计 / 合规 / 法务 / 质量	产品组合管理	客户关系管理	反欺诈与反洗钱	产品运营分析	开放服务管理	资产证券化与银团合作	财务会计
执行	市场营销	市场研究	客户信息管理	营销管理	贷款管理	合作渠道管理	产品组合管理	资金运作管理
	人力资源管理	促销活动执行	客户接触历史	交叉销售管理	贷款管理	网点管理	头寸管理	财务整合
	采购管理	商业智能 BI	客户关系与沟通	定价管理	创新产品管理	市场信息与舆情	资产负债管理	财务报表
	战略合作管理	产品评估	客户决策	客户服务引流	代理产品管理	交易接触管理		财务总账
	不动产及设备管理	产品研发	客户回馈管理	佣金管理	组合产品管理	培训		催收与核销
	IT 投资与运营管理	产品目录	客户视图	智能推荐与营销				
		产品与服务推广	客户画像					

图 4-24　业务组件

在规划业务组件时，我们应重点关注以下几个维度的属性。

❑ 组件的业务用途是它在组织内部存在的意义，表现为向其他组件提供服务。

❑ 为了实现业务用途，每个组件都要执行一系列相互独立的业务活动。

❑ 组件需要通过各种资源如人员、知识、资产等，支持业务活动。

❑ 每个组件根据自己的治理模式，以相对独立的方式进行管理。

4.4.3　业务事件和流程模型

分析业务事件有助于理解业务过程和业务价值。下面以 IDEF0 方法分析消费金融关键业务事件和流程。

IDEF 是 ICAM DEFinition method 的缩写，是 20 世纪 70 年代末 80 年代初美国空军在 ICAM（Integrated Computer Aided Manufacturing）工程结构化分析和设计方法基础上发展的用于描述企业内部运作的一套建模方法，最初只是运用在制造业上，经过改造后也适用于一般行业和软件开发。

IDEF0 方法描述了业务事件的活动及其联系。IDEF0 模型是一组按递进层次分解的图形，用结点号标识图形或盒子在层次中的位置，结点号是由盒子的编号推导出来的。活动图的所有结点号以字母 A 开头，最顶层图形为 A_0 图，在 A_0 以上用一个盒子来代表系统的内外关系图，编号为 A-0（读 A 减 0）。每个结点号把父图的编号与父模块在父图中的编号组合起来。也就是说，"父→子→孙……"每增加一代，结点号的位数就增加一位，最终形成结点树，如图 4-25 所示。

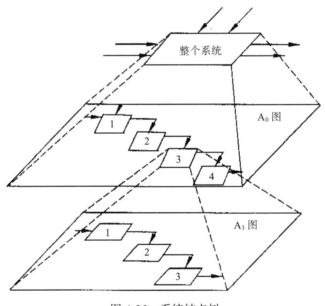

图 4-25　系统结点树

从互联网消费信贷最顶层的商业模式分析看，用户侧以注重用户体验为主进行设计，资金端以产品为主进行设计，经过几年的发展会有两个不同的结果。

以用户为中心就是以面向的客群需求为中心，目的是从用户需求中获取利润，这是一种市场导向的经营观念，提高用户体验成为管理的中心。因为用户在需求得到满足的同时获得了最佳的体验，这就会成为其到其他地方获得同类需求的最低期望值。所以，从用户侧开展消费金融业务最终多发展为平台，因为一个企业的风险偏好决定了其没有办法满足所有的客群需求，需要对接不同的资金方进行资产分发，并在满足更多客群需求的同时，降低客户鉴别成本，获得利润。

　　以用户为中心的消费金融参与主体会将用户看作企业生存和发展的基础，认为市场竞争的实质其实就是争夺用户资源。所以，它们围绕目标用户的需求，整合业务，以提升服务质量和用户体验为主，希望通过客户再次交易获得更高的利润。为不断补充新客户，企业开始拓展各种场景和资产方，吸引更多用户资源，增加市场份额。而用户资源会转变为企业利润的源泉。金融科技的发展和平台化应用在降低服务成本的同时，使消费行为预测更加精确，客户忠诚度得以维护，从而为企业带来更高的收益。

　　以产品为中心是指过去的金融机构面对的是一个需求巨大而供给不足的卖方市场，用户基本没有选择的余地，处于被动消费阶段，提高产品销量自然成为管理的重心。随着市场产品逐渐变得丰富，消费者挑选余地增多，消费金融参与主体开始注重产品质量、增加营销投入。

　　图 4-26 描绘了互联网消费信贷的授信、放款、资产分发等贷前、贷中关键流程，未体现贷后流程是因为贷后催收等受机构自身资源限制或者与场景方合作协议要求差异较大。

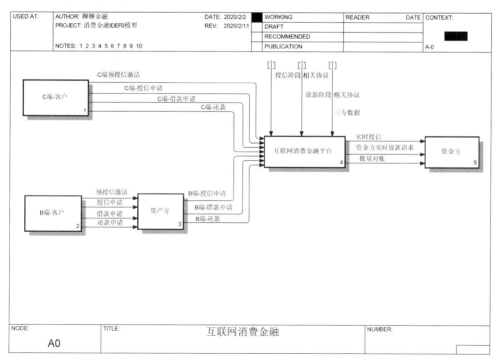

图 4-26　消费信贷流程

如图 4-27 所示，C 端客户授信分为预授信和用户自主授信两种。预授信是基于内部数据对用户信用风险进行全面评估，判断客户的还款能力和稳定性.利用额度授予模型可计算预授信额度，并通过简化的流程、多种渠道触达客户，从而促进客户转化。

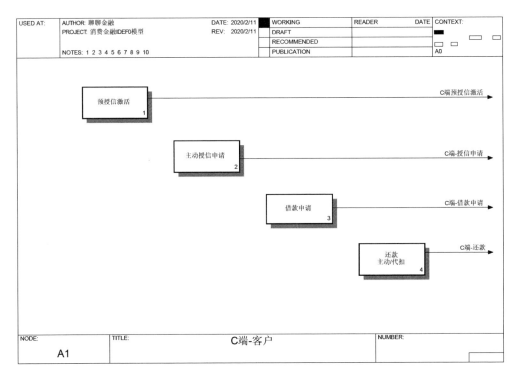

USED AT:	AUTHOR: 聊聊金融		DATE: 2020/2/11	WORKING		READER	DATE	CONTEXT:
	PROJECT: 消费金融IDEF0模型		REV: 2020/2/11	DRAFT				
				RECOMMENDED				
	NOTES: 1 2 3 4 5 6 7 8 9 10			PUBLICATION				A0

图 4-27　客户借款流程

用户主动授信申请需要经过在线申请、反欺诈核查、信用审批、建立额度等过程。在授信过程中，核验操作人与真实身份的关系，操作人身份与注册人身份是否一致至关重要。但身份核验存在验证数据源不一、效率差别大、成本高、多点接入等问题。随着人工智能技术的发展，人脸识别、声纹识别、OCR识别等交互技术大量应用于身份核验。相关技术在身份鉴别和反欺诈上的应用如下所示。

❑ 利用人脸识别、人脸识别辅助声纹识别、活体检测技术来核验在软件上操作的是人而不是机器。（这里要求在技术上实现防翻拍、防人脸面具、防模拟器攻击等。)

❑ 采集张三所持有的身份证信息，通过 OCR 识别确认证件真伪，并向身份信息权威机构请求核验用户身份证件信息的准确性。(此处身份信息权威机构可为人行联网核查平台或公安部平台。)

❑ 通过人机区分获得的现场照片与权威机构提供的证件照进行 1：1 图像比对，确认真的是张三在手机前操作而不是李四拿着张三的证件在操作，同时辅以银行卡、短信验证等。

❑ 对用户的身份、手机号、设备指纹等进行识别。

C 端客户借款申请时除关注可借款的金额、利率、期限外，还关注灵活的还款方式，如随借随还、可以自定义还款期次、等额本息、等额本金、先息后本、按月付息到期还本等。C 端客户还款时比较关注是否可以提前全部还款、提前部分还款、用户在合同约定的借款期限不能偿还借款是否可以申请展期等。

对 C 端客户，我们可以提供积分、会员、通过提交征信信息提高授信额度等提升用户的黏性和交易频率。

如图 4-28 所示，B 端客户与 C 端客户的区别主要在于授信和放款的协议签

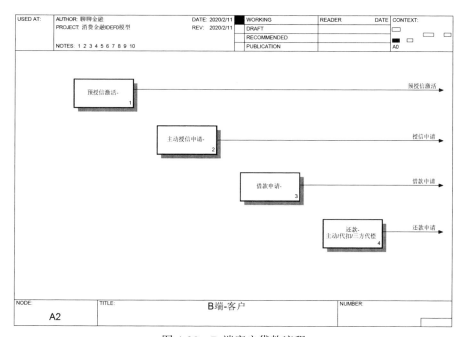

图 4-28　B 端客户贷款流程

署上，因为 B 端客户涉及的隐私信息随着资产分发而流转，所以 B 端客户需要
签署相关授权协议。

　　资产方与互联网消费金融平台的模式相近，如图 4-29 所示，所以下面统一
介绍。

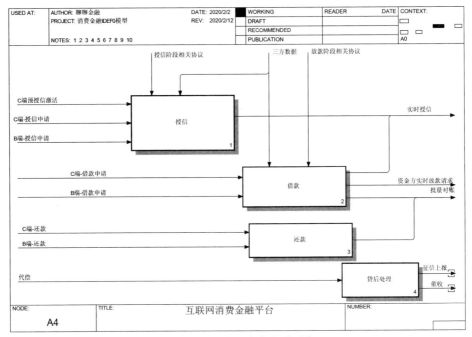

图 4-29　互联网消费金融平台

　　C 端的授信、放款前面已经介绍过了，这里介绍一下 B 端场景合作。B 端
场景合作受自主风控授信、联合贷、助贷等合作模式的影响，而助贷模式因为
监管合规要求，纯保证金模式基本淡出市场，目前主要有融资担保、履约保证
保险、信托等模式。因为模式不同，签订的协议、授信交互设计、还款方式、
代偿模式、谁负责征信上报等都有所不同。

　　而互联网消费金融平台通过资产分发进行联合贷是比较常见的模式。在这
种模式下，互联网消费金融平台需要对产品、资金路由、费用模式等进行设计，
如图 4-30 所示。

　　❑ 对是否为联合贷产品进行判断。

　　❑ 签署联合贷贷款协议。

- 为了提高客户放款成功率，是否有多次资金路由并最终放款成功。
- 路由失效后的补充处理。
- 合作方资产偏好与资产撮合匹配。
- 如同时命中多个资金方是按照资金方优先级还是按照对平台盈利最优进行匹配。

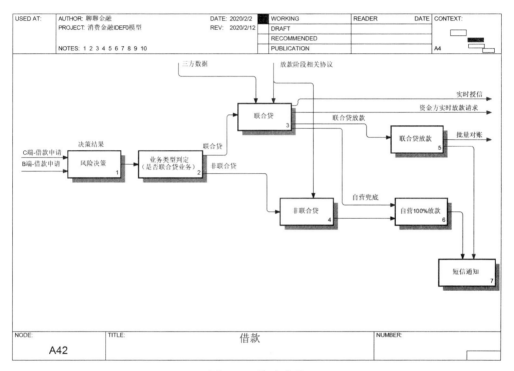

图 4-30　资产分发

业务架构分析要求负责人对技术和业务有很强的掌控能力，而对消费金融业务熟悉和全局把控能力是很多业务架构师欠缺的。

系统服务化和中台服务是这几年比较流行的思路，通用功能模块和业务组件重新分配和组织，以及构建业务架构和技术架构，实现通用模块化和业务组件化，最终实现服务化。系统对业务的支撑能力将作为系统服务化转型的一个量化标准。无论是业务架构还是技术架构，都是一个追求平衡的艺术，不仅是设计原则上的平衡，还要在技术、成本、资源、性能、团队等方面平衡，以求最高效地解决主要问题。

第 5 章 | C H A P T E R

消费金融的运营体系

运营体系需要围绕着营销目标进行拉新、激活、留存和转化。获取新用户是一切运营的基础，提高用户活跃度才能让产品有生命力、提升用户留存、减少用户流失，让用户规模越来越大。交易转化是产品和运营团队持续发展的关键，如果产品自传播运营做得好，获客成本会逐步降低，用户转化率会提升，产品运营成本会降低，增长速率也会提升很多。

运营是一个系统化的工程，牵一发而动全身。犹如"庖丁解牛"一样，要想把产品运营好，运营团队就必须具备全局观，系统思考运营产品的方方面面。

5.1 消费金融产品的运营目标和内容

产品运营目标的制定旨在确定不同的阶段达到什么样的业务指标、占据的市场份额、获得的市场地位。运营阶段包括产品启动阶段、推广阶段和营收阶段。根据不同的目标，我们需设定匹配的运营方向、投入的运营资源和具体的工作安排。

5.1.1　运营的概念和价值

运营的概念可以从广义和狭义两个角度来看。从广义角度说，一切围绕着产品进行人工干预的工作都叫运营。从狭义角度说，运营可细分成一些具体的模块，比如用户运营、内容运营、社区运营、新媒体运营、活动运营、商务运营和产品运营等。不过，针对互联网消费金融产品，我们则更关心用户运营、新媒体运营、渠道运营和产品运营这 4 个方面。

1）用户运营：围绕着用户，即围绕着人做工作，拉新、引导用户去使用自己的产品，关注用户的转化、活跃程度、申请和提现率，设法提高每一个环节的转化率，通过用户带来口碑传播和裂变等运营效果。

2）新媒体运营：创造、整理、发布内容，主要运营微信公众号、抖音、微博、头条号和知乎等新媒体渠道。这些渠道的特点就是可以随时与用户沟通、互动，发布一些内容。新媒体运营的主要工作是获取用户的关注，目的就是使用户转化，并希望可以获得新用户。

3）渠道运营：互联网渠道早就成为流量的把持者，发展线上业务需要和互联网渠道端合作。流量转化和变现是渠道运营工作的重点。

4）产品运营：通过用户调研，包括用户行为分析、用户画像、用户使用产品时各阶段的转化进行产品的精细化运营。

运营的目的主要是拉新、促活、留存和转化。不过，运营的本质是传递产品价值，做用户与产品核心价值的高效连接、快速传递。运营不只是提升产品的核心指标，更应该传递产品价值，提升用户价值。

1）传递产品价值。金融产品使用频率并不高，用户也不需要停留太长时间。运营需要把产品理念快速传递给用户：借款产品的核心价值是什么，与市面的竞品相比产品的差别和核心竞争力是什么，用户为什么要选择这款产品。

2）提升用户价值。从用户接触产品到离开产品的整个过程中，运营需在导入期、成长期、成熟期、休眠期、流失期中引导用户，提高用户的转化率、交易金额、交易次数，尽量延长用户使用产品的周期，让用户价值发挥到最大。

驱动用户价值提升的方向主要有两个：一是提升单个用户价值，主要是通过运营手段提升用户提现率、使用额度、复贷率等；二是延长用户生命周期，因为用户可能会在导入期、贷款结清后等各个阶段流失，运营需要通过用户调研和数据分析找到用户流失的原因，尽可能延长用户生命周期。

3）创新运营模式。在产品不停迭代的过程中，运营团队需围绕产品不断创新运营模式，包括在拉新、促活和挽回等过程中使用新玩法，比如用户首次登录送红包、过节大抽奖、免息30天、1分钟抽豪礼、会员日、邀好友赚现金等。

5.1.2 运营目的和目标

一个比较好的运营思路是：目的、目标、策略、计划、执行和监测。每个环节都能或多或少地影响到最终结果，因此需整体计划，把控工作进度。对于运营来说，先期比较重要的事情就是清楚运营目的和目标。

1）目的：运营的目的其实很简单，即为公司增加收入和利润。为了完成运营目的，公司需要做以下工作，包括增加拉新、降低获客成本、提高用户转化和减少用户流失等。

2）目标：合理的运营目标能够激励运营团队发挥更大的价值。对于运营团队来说，量化大部分目标可以很容易地跟踪工作效果和评判执行情况。比如月拉新目标定为1万新注册用户。目标需要层层拆分到天，按天或者小时来监控数据指标。比如产品年度利润目标1200万元，拆分为月度利润目标。就是100万元。为了完成这个目标，需计划每个月的放款是多少，新增用户和老用户比例是多少，注册、放款各个环节的转化分别是多少，从大目标到小目标进行一层层的拆分，然后分配到不同的岗位上。

5.1.3 运营的工作内容

运营是随着互联网的精细化发展而诞生的，运营工作应该围绕着流量获取、用户维系和精细化运营而展开。

1）流量获取：在线开展业务最重要的还是流量和用户。一切商业逻辑都是围绕着流量来开展工作的。在线产品的运营，如果没有足够的流量支持，后续工作根本无法展开。尤其在流量竞争日趋激烈的当下，流量的获取更是公司运营的重中之重。

通过信息流广告构建自己的流量池，把流量平台里的流量导入自己的产品中才是最终目的。贷款产品可以从流量持有者如贷超、商城等互联网平台付费购买流量，也可以使用老带新、裂变等方式获取流量。总之，通过设计各种裂变活动，达到低成本获取海量用户的目的。

2）用户维系：维系用户需要我们首先了解和熟悉他们，掌握用户结构和画像，即知道用户是谁、用户想要什么、用户在意什么。

掌握用户结构和画像的目的是建立对用户的认知。用户的性别划分、年龄构成、职业分布、出现地理位置等是展现用户社会面貌的软信息，可用于评估用户个人财务，进而评估用户还款能力。

用户行为数据包括用户喜好、兴趣点、活跃时间、路径。

用户结构和行为数据可以为我们的运营工作提供一些数据支持，使我们明确用户维系的方向和规划，以便下一步开展精细化用户运营工作。

3）精细化运营：用户下载 App 或者使用产品后，运营的一切工作都围绕着转化、促活、留存、裂变这几个环节的精细化。

- ❏ 转化：从用户注册开始到完成交易的各个环节都会有用户转化或折损。我们需要懂得如何调动用户的积极性，如何策划与设计用户激励体系，如给予用户一些免息券或折扣卡，通过消息推送、发短信和打电话等方式触达用户，以激励用户完成交易。

- ❏ 促活：用户对金融产品的黏性都比较差，因此我们不需过多追求用户的日活和周活，可以通过策划活动、制定用户激励体系、增加任务类运营来逐步提高用户的活跃度。

- ❏ 留存：用户留存率是所有产品上线后运营的重要指标，比如日留存、周留存、月留存，甚至半年留存、年留存。一般来说，对于互联网产品，新用户注册后三个月内流失是比较严重的。对于贷款产品，我们要关注注册当天的用户流失率，这将会严重影响留存率。我们可以通过短信、EDM、消息推送或者公众号，以有吸引力的活动、比较人性化的内容去唤醒这些沉默用户。

- ❏ 裂变：裂变的用户质量高、获取成本相对低，因此我们需要通过多种激励政策、返现等方式引导用户在朋友圈分享和裂变。

运营的具体工作比想象的更难、更琐碎。首先需要了解我们的用户，知道用户在什么地方。将用户导流到自己的产品后，确定如何提高用户转化率。当用户流失时，我们需要建立模型，了解流失的原因，制定计划挽留和召回用户，尽可能延长用户生命周期，提高用户价值。

5.2 用产品思维做运营

运营的分工越来越细，但都是以产品为核心来降低获客成本、提高运营转化率。一个优秀的运营人员需要从产品设计开始跟踪，不仅需要精通运营知识，还需要有产品思维，在实际运营过程中关注用户体验和每个环节的实际转化。

5.2.1 洞察用户需求能力

洞察的目的就是避免主观上的思考和一些表面的认知，发现背后真正的问题。运营的核心价值是连接产品和用户，在两者间起到黏合和拉动的作用。

不论是产品人员还是运维人员，都需要通过洞察客观事实去发现用户真实的需求。我们需要确认真实的用户需求，以推动产品优化和精细化运营，让营销模式和方法更丰富。

下面以贷款产品为例来说明什么是用户真实的需求。

❑ 现象：产品上线后，申请授信用户也比较多，但大量授信用户从不借款。

❑ 问题：可能是用户暂不缺钱，或者只把我们的授信额度当成备用钱。

❑ 用户实际需求：客服与大量用户沟通后发现，真实原因是产品给予用户的额度太低，没有满足用户的实际需求。

对于洞察用户的真实需求，我们不仅需要清楚为什么要做，还要明白怎么去做。

❑ 详细了解用户的真实需求，要在运营中发现问题，并且解决问题。

❑ 形成由运营牵头的优化小组，分阶段优化，通过数据分析来检验优化的方向和结果是否符合用户的实际需求，以及用户实际需求是否洞察得全面。

❑ 运营是接触用户的第一线，需要通过多种渠道搜集用户的真实想法和行为。

❑ 形成以数据为导向，并对结果评价和复盘。复盘的同时发现问题，持续改善。

5.2.2 拆解和用户体验

说到用户运营，首先就需要从用户体验开始。优化用户体验可以说是永无止境的。学会用户思维、改善用户运营和提高用户体验是线上产品运营必经之路。用户体验的持续优化有如下 3 个方面的好处。

❑ 维护用户忠诚度，提高老用户价值，增加交易量。

❑ 减少老用户流失，延长用户生命周期。

❑ 提升市场口碑，增加新用户流量，降低获客成本。

在用户运营中，如何实现用户转化？

（1）定义用户、创造场景

用户场景是关于"什么人在什么情况下要解决什么"的问题，即要多了解用户的基本情况和使用习惯，多站在用户的角度考虑问题。借贷产品的本质是在第一时间把钱借给缺钱的用户。

我们模拟一个用户场景。

❑ 用户消费的时候没有钱，去找朋友借钱，碰壁，难以启齿。

❑ 用户的需求是解决暂时的资金不足问题。

❑ 借钱只需要在线申请，目前还有优惠活动。

了解用户在场景端的实际需求，才能在运营推广中抓住用户痛点，甚至让用户在有需求的时候主动想到我们的产品。

（2）抓住用户痛点

痛点就是用户的某个需求点。当用户的需求点被满足时，他自然会去使用。所以，我们需要了解用户的使用习惯，包括用户日常喜好、作息时间，甚至用户什么时候需要我们的产品。

根据我们对用户了解的情况，分析用户痛点。举例如下。

❑ 什么情况下用户会缺钱？大额消费、月底、请客送礼时。

❑ 办理手续是否方便、快捷？用户期望立刻拿到钱。

❑ 额度是否够用？额度要够用，最起码要覆盖本次消费。

❑ 借钱利息高不高？本金加利息下个月要能还得起。

（3）方便和快捷

为什么互联网消费金融可以迅速兴起，其一是用户有刚需，其二就是方便。用户为了方便可以多付出一些成本。

在快餐时代，用户的耐心很有限，因此产品运营推广需要简单明了。很多金融产品描述都很官方、复杂，大多数用户看完之后摸不着头脑。所以，我们需要选择最符合产品的特定场景，用简单易懂的语言、直观的形式把产品最大的优势和特征描述出来。

（4）用户目标和运营目标结合

产品运营的目的是盈利，而用户的目的是节省开支，这两个目的貌似天生矛盾，其实不然。用户使用产品是刚需，而运营团队恰恰针对这一刚需，为用户提供良好产品，让用户节省成本，包括时间成本和资金成本。用户得到了实惠，运营团队自然也顺理成章地完成了从获客到交易的完整动作。

5.2.3 从流量思维到运营思维

互联网时代讲究流量思维，需要不断地投放广告，持续拉新，然后不断寻找更便宜的流量来提高转化率，进而降低流量成本。

移动互联网的出现，使流量思维转变到运营思维。移动互联网打破了传统的流量入口，把集中化的流量变成了碎片化的流量。随着几款国民级应用的普及，大量碎片化的流量已经在向微信、字节跳动旗下的应用集中。

运营思维需要靠数据分析来推动具体的运营动作，而不是靠感觉和简单的判断。数据分析可以帮助产品经理不断优化产品设计，驱动用户增长。对于运营来说，监测用户转化指标可以帮助我们优化拉新和转化用户的手段。

5.3 移动互联网头部平台

如今的移动互联网时代，获取用户的成本越来越高。如何以最低的成本获取有效的用户是运营团队最关心的问题。在移动互联网时代，流量已经向几家头部巨头聚集，渠道运营是运营工作中比较重要的一环。

所有互联网公司的发展逻辑都可以归纳为3点：流量获取、流量分发和流量变现。无论是传统的互联网还是当前的移动互联网，均已形成垄断状态。互联网的马太效应从未像现在这么明显。

5.3.1 流量获取

移动互联网头部平台的竞争边界越来越模糊，各家巨头的业务不断扩张，不再只深挖单一业务，而是发力多元化业务。腾讯、阿里巴巴、字节跳动等巨头都在线上、线下布局各种业务，控制和参股各种流量节点。互联网巨头们已经相继实现流量闭环。

目前，移动互联网平台主要关注的是"二微一抖"，主流的流量入口可以分为内容型流量和服务型流量。

- ❑ 内容型流量：主要是游戏、视频、资讯、直播、社交，本质是内容，内容又依靠用户。其主要特征是用户黏性高，在线时间长。
- ❑ 服务型流量：电商、本地生活服务、新零售。其主要特征是用户使用频次高，但在线时间短。

流量获取方面，巨头们已经完成从内容型流量节点到服务型流量节点的基本布局；流量分发方面，在封闭生态内获取流量的模式已经不可逆转；流量变现方面，利润进一步向头部平台集中。

5.3.2　流量分发

在整个移动互联网流量见顶的情况下，通过完全开放生态体系来获取新流量的模式已经基本被抛弃。各巨头打造封闭生态已经形成一个行业现象。

- ❑ 腾讯系包括微信、QQ、腾讯视频、京东、快手等。
- ❑ 阿里系包括淘宝、天猫、微博、优酷视频等。
- ❑ 字节跳动系包括今日头条、抖音、火山小视频等。
- ❑ 百度系包括百度、爱奇艺视频等。

头部 App 分化为腾讯系、阿里系、百度系和头条系 4 大阵营，着力打造各自封闭的移动端生态流量，力图将用户相互隔离，使其留存在自己的生态圈内。

在移动互联网时代，流量分发早已去中心化，搜索引擎失去了流量分发的意义。对于消费金融来说，获客则不可避免地需要与 BATJ 合作，最根本的原因是线上的最优质用户都封闭在它们各自的生态圈里。

5.3.3　流量变现

互联网流量稀缺、昂贵。各家互联网平台、App 或者公众号发展到一定阶段后都要考虑流量变现。

下面深层次分析一下包括 BATJ 等头部平台如何进行流量变现。

（1）流量变现模式

流量变现模式如图 5-1 所示。

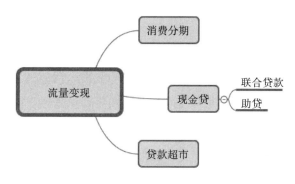

图 5-1　流量变现

常见的流量变现模式是头部平台成立独立的金融团队，在自己的流量平台上线贷款产品或者再单独上架一款新的贷款 App。运营流量是各家互联网平台的拿手好戏，集团内各流量平台负责给贷款产品导入流量。

一般来说，各家平台开展消费金融业务模式如下。

第一阶段：成立金融部门，把金融相关的业务如支付和理财相关的板块合并到该部门。

第二阶段：在场景中推出类白条产品，如果自己有小贷牌照，还可以推出自有借贷品牌产品。

第三阶段：推进与各家金融机构合作，包括银行、消费金融公司、信托等机构。初步建立自己的风控体系，对用户进行分层，推出自己的贷款超市，上架各家贷款产品，并根据各机构的用户偏好推送相应产品。

（2）消费分期

各家流量平台打造自己产品的使用场景，根据场景开发先消费后付款的服务。支付宝花呗、京东白条、甜橙白条、网易白条等就是典型的电商场景下的白条产品，主打商品消费分期，平均有 30 天以上的免息期，免息期过后日利息在万分之 5 左右，用户可以选择分期还款或者免息期还款，分期数基本是 3、6、12、24 个月。

白条产品初期更多的是支持自有场景的发展，存在免息期，注重用户体验。

白条用户都是基于白名单通过邀请制让用户申请，这样可以有效地保证用户质量。平台可以基于场景沉淀用户数据，以此降低用户逾期和欺诈风险。基于场景筛选出的用户是优质的，也是传统金融机构希望获得的客群。

（3）现金贷

部分互联网平台拥有业务场景，如电商平台、外卖、出行是自带业务场景，因此推出基于电商分期产品是比较成熟的模式。另外，部分流量平台缺乏场景和账户体系，比如百度、360、新浪等平台可以考虑现金贷。大多互联网头部平台推出了自有现金贷产品，如图 5-2 所示。

现金贷运营模式分为联合贷款、助贷和导流，各种模式有较大的差异。

1）联合贷款：微粒贷、京东金条做得比较早，也相对成熟。现在，小米的现金贷也采用了这种模式。

联合贷款不需要金融机构资金方有太高风控能力，特别是微粒贷要求资金方必须 1 秒内返回审批结果。

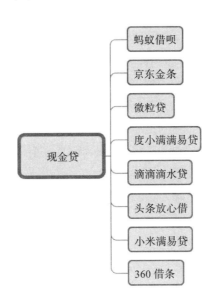

图 5-2　现金贷产品

平台方把审批通过的用户传给资金方，资金方做风控评级，然后通过平台下的小贷机构和金融机构共同放款，一般放款比例是 1 ：9。平台方通过收取金融机构 20% ～ 35% 的平台费来盈利。小贷机构和金融机构各自负责自己不良资产的处理和核销。

近几年，监管部门开始逐渐限制金融机构合作的联合贷款比例和规模。

2）助贷：贷前、贷后和贷中的工作都是由流量平台负责，合作的金融机构仅负责提供资金，合作模式也比较简单。

所有风控工作由流量平台自己负责，由保险公司或融资性担保公司做担保和代偿。

流量平台风控审批通过后，将用户信息传给合作金融机构进行审批，审批通过后直接放款，一般通过率较高。

3）导流：比较成熟的产品模式，如借呗、滴水贷、头条等采用了这类模式。流量平台里的现金贷初期只开放给白名单用户，以保证初期用户的资产质量。

流量平台首先对用户做第一轮风控审批和用户分层，排除一些欺诈和还款能力低的用户。用户会被分成几层，每层用户的资产质量和风险定价都不一样。如度小满满易贷的用户会被分成 A、B、C、D 共 4 级，A、B 类客群会分给银行或消金等金融机构，相对风险定价较低；C、D 类客群会分给小贷和互联网科技公司，风险定价较高且资产质量相对较差。

导流模式下，合作双方前期需要通过用户撞库，分析流量平台的用户的表现，然后针对客群做风控模型和前置规则。导流模式比较挑战金融机构的风控能力，所有风险由金融机构自己负责。

（4）贷款超市

贷款超市就是简单的"送水生产"，只要有足够优质的流量，依靠 App、公众号、小程序或者简单的 H5 页面，就可以为现金贷平台输送用户。

贷款超市流量变现方式简单，只要流量足够就能赚得盆满钵满，因此吸引了众多互联网流量平台参与。许多互联网巨头，如京东、滴滴、饿了么、爱奇艺等，均在通过为贷款产品导流而实现流量变现。

初期贷款超市的导流模式为 CPA、CPS，也就是按照注册用户和放款金额来结算。现在，导流模式从 CPA 逐渐走向 CPA+CPS 或者纯 CPS 模式。

贷超的合作模式分为如下两类：落地页对接和 API 对接。

❑ 落地页对接：页面跳转的合作模式比较简单，只需要把金融产品介绍页面放在流量平台的贷超列表上即可，合作双方都不需要单独开发页面，基本 1～2 天就可以上线合作，如图 5-3 所示。

图 5-3　贷款超市页面跳转

我们以"饿了么"为例来分析落地面对接。

饿了么 App-> 我的 -> 钱包 -> 贷款产品列表 -> 数据授权协议 -> 输入手机号码后注册，然后下载合作方 App 进入申请贷款流程。这样的合作方式比较简单、快捷，对流量平台没有任何要求。但对于流量平台来说，流量转化率会比较低，因为用户转化路径太长，而且需要下载合作方 App。其次，用户会转到合作方 App，只能赚一次钱，对于用户流量的利用率不高。

❑ API 对接：用户不会跳转到其他平台，所以用户操作包括产品选择、申请授信、授信结果、借款、还款。API 对接的好处是，用户体验比较好，转化率也会高一些。用户一直留在自己平台，申请和借款数据也在自己后台完成，所以平台能全面收集用户贷前、贷中的信息，包括用户在合作机构上的贷款信息（包括额度、期限、费率等）、放款状态、贷后的还款状态、逾期情况等。

API 对接的缺点是，流量平台的申请流程需要适应各资金方，需要具备基本的前端风控能力，包括收集设备指纹、人脸识别、活体检测、身份核审、绑卡和各类协议。

5.3.4　渠道流量转化

在用户基本被瓜分的情况下，得渠道者得天下。互联网平台必须与持牌金融机构合作开展消费金融业务，这也是目前最成熟的运营模式，如图 5-4 所示。

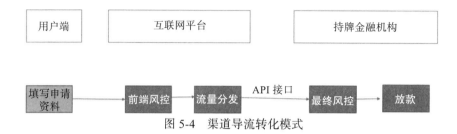

图 5-4　渠道导流转化模式

持牌金融机构与互联网平台合作不会接触到用户，等于用户始终封闭在互联网生态体系内，互联网平台仅使用后台 API 与持牌金融机构对接。用户端也感受不到持牌金融机构的存在，绝大部分用户并没有意识到正在使用其他机构的产品或者服务，因为他们始终没有离开过互联网平台。

一些持牌金融机构通过与互联网头部平台合作实现了规模的增长，但运营能力跟不上，无法将借款用户迁移到 App，这些高价获取的用户不过是流量，很难转化为自有渠道的客户。随着流量越来越集中，反映在消费金融行业，便是获客与业务能力的两极分化。一方面，互联网巨头手握流量，但受资本金限制，自营放贷空间有限；另一方面，大量的金融机构，尤其是传统金融机构，放贷能力足够，但缺乏线上流量。二者的结合能够优化行业内部资源的配置，即一方实现了流量变现，提升了用户体验；另一方释放了业务空间，提高了资本金的利用效率。这种合作模式必然会成为行业发展趋势。

5.4　自有渠道运营

消费金融业务的开展除了与机构合作外，最重要的就是运营自有渠道，主要包括 App、微信公众号、支付宝生活号等渠道。自有渠道用户获取成本高而且投入周期较长，很少有持牌机构愿意投入较大成本来运营自己的渠道，而且金融机构对于流量运营通常缺乏相应的能力。

5.4.1　投入产出比

投入产出比又名 ROI，自有渠道运营最主要的就是流量采买。我们需要根据自身产品的情况和推广策略，对新用户的来源进行标记和划分，计算用户的获取成本和产生价值。

（1）单次采买流量投入产出

单次采买流量投入的成本是巨大的。在采买前，我们需要回答以下问题：这次投入成本是否能赚回来，什么时候能赚回来。

- □ 每个交易客户成本：即用户点击落地页成本 × 注册转化率 × 申请转化率 × 批核率 × 提现率。
- □ 收入：利息收入。

（2）存量用户的投入产出

产品推广一段时间后，一定会留下一批活跃用户。如果你的消费金融产品留不住任何用户，则需要复盘一下产品设计和运营策略。

平均用户二次复贷率能达到 60%，三次或以上复贷率能达到 80%。当然不同渠道的用户质量、留存和活跃程度也会有所差异，老用户基本没有太多维护成本。需要投入运营资源或者给予用户优惠政策的一般是二类用户，包括结清用户和流失用户。

5.4.2　打造用户流量池

成熟、优质、稳定的自营渠道获客成本肯定是越来越高，短期内你可能拥有一个或多个便宜的流量入口，但大多数优质渠道很快就会变得稀缺、用户质量变差、转化率下滑。

任何品牌、活动推广等都需要所有渠道和模块同时运作、互相配合，共同为活动引流和造势，这样才能使运营效果更好和转化率更高。对于一家公司来说，品牌宣传和推广的费用十分有限，除了从大的平台购买流量以外，还可以通过社交平台来获取流量和传播，如图 5-5 所示。

运营流量和管理池塘一样，原来我们的池塘已经有一些水了，还有一个固定的入口不断向池塘里放水。获取用户是运营的第一步，也是目标。

入水口不能仅靠购买用户这一种方式，购买流量会导致用户质量不断下滑，购买成本逐步上升。而无论注册还是下载，都会涉及转化率。因此，转化率的优化能在一定程度上降低获客成本。不少产品为了更好地跟踪转化率，会让用户在落地页完成注册，然后下载，通过用户 ID 跟踪转化率。这不失为一个好方法。

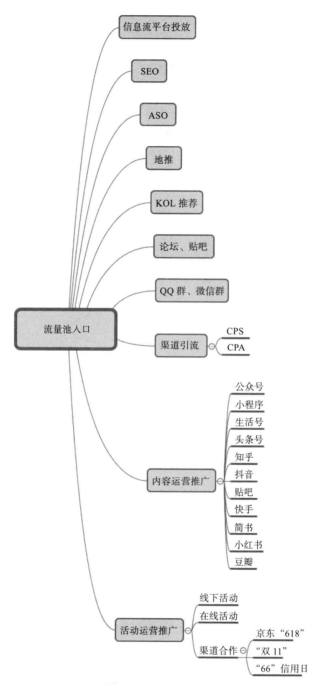

图 5-5　流量池入口

随着移动互联网流量红利期的结束，获取一个新用户的成本已经大大超出以往，甚至高到一家创业公司无法承受的地步。金融领域的创业公司，为了获得一位新用户，甚至会支出四位数的成本。而进来的用户只是运营的开始，通过渠道和营销获取的用户我们肯定不仅仅满足于只完成一次购买。产品中有个蓄水池，有入口和出口，需要针对流进来的用户做精细化的运营，通过裂变，让这个用户不仅仅是消费者，更是产品的推广者，如图 5-6 所示。

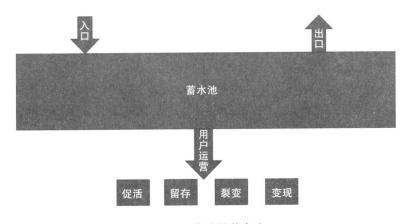

图 5-6 产品的蓄水池

自营渠道最重要的就是打造自有流量池，自有流量池就是要利用各种手段获取流量，通过流量的存续运营，再获得更多的流量，周而复始。一方面通过推广引入新的流量；另一方面运营流量，关键是让自有流量裂变，从而分摊流量成本，扩大流量池的规模、提高流量质量。

5.4.3 行业头部运营玩家

消费金融市场经过监管后，平台利率、不良率等有了明显下降。与此同时，网贷暴雷潮、金融去杠杆以及现金贷整治等外部环境的变化也影响了整个消费金融行业的发展。非持牌金融机构除了几家头部平台稳步发展以外，大部分金融机构已经退出或者艰难度日。持牌金融机构借助政策和市场红利业务慢慢扩大了规模，如图 5-7 所示。

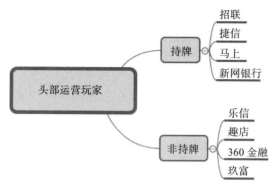

图 5-7　头部运营玩家

1）持牌金融机构：消费金融成为行业风口以来，参与者众多，竞争日趋激烈，不过牌照本身的壁垒效应在快速下降，同时严监管下还存在着非持牌金融机构的监管套利和不正当竞争等问题。未来，银行和持牌消费金融机构内部会加速分化，获客运营能力将成为机构的核心竞争力。

几家头部消费金融机构已经占据前沿阵地，最起码拥有千万规模的注册用户和数百万规模的放款用户，把持着较优质的客群资源，已经形成一套自有的运营体系和风控体系，在整个行业竞争中有较强的资源和能力优势。

- 招联：属于消费金融第二批成立的机构，早期支付宝金融没有成熟前，双方开展信贷产品战略级合作。招联的第一波用户基本来自支付宝，免费获得资质较好的客群，合作期间也锻炼了自己的整体运营能力，后期则把大量支付宝客群转化到自有 App 中。

- 捷信：线下 3C 分期出身。经前几年线下 3C 分期大战后，只有捷信一家存活，其他如有用分期、佰仟分期、买单侠等均转型退出 3C 分期市场。目前，捷信把大量 3C 分期的用户转化为线上现金贷用户。

- 马上：具有强悍的市场运营探索能力，公司战略为线上、线下常切换，线上与大量渠道合作，线下场景端不断开拓，目前积累了几百万客群。

- 新网银行：擅长与线上各家渠道合作收割流量，依赖自身较低的资金成本和较强的运营能力，在各家互联网平台始终运营着最优质客群。

2）非持牌金融机构：在"155 号文"下发后，IRR36% 的产品风险定价就成为所有非持牌机构的一道生存门槛。不过几家头部平台状况还不错，其合规、低定价的产品和优质用户成为与持牌机构合作的香饽饽。

- ❑ 乐信：校园贷出身，运营能力强，每年的合作伙伴大会都有大量的持牌金融合作伙伴前来站台。线下运营和风险体系都较完整，平均获客成本较低。
- ❑ 趣店：与乐信同样是校园贷出身，不过与蚂蚁金服合作后，在支付宝收割了千万规模的用户，目前基本没有太多获客成本，只需要促活和转化就可以。
- ❑ 360 金融：继承了 360 集团比较优秀的获客和运营能力，2018 年在市场上疯狂采量和转化后，目前有近 1 亿注册用户，放款用户近 2000 万，有超过 700 亿元的贷款余额。
- ❑ 玖富：玖富旗下有较多款消费金融产品，这两年一些场景分期产品开始逐渐合并，玖富万卡的注册用户已经达到千万的规模。不过，产品风险定价需要不断调整，这对其是一个较大的挑战。

在互联网行业普遍面临用户红利终结的困局下，消费金融机构的用户数却实现了惊人的增长。挖掘用户价值，从优质用户运营出更多利润，是我们的目标。接下来拓展用户越来越难，各机构对流量池中的存量用户争夺加剧，导致留住用户也越来越难，对用户的服务与运营难度提高了不止一个数量级。摒弃高速增长阶段的粗放型用户运营模式，深耕特定场景，找到核心用户群，发展普惠金融群体、白领群体、年轻群体、次级信用群体，依靠完整的运营体系来优化产品、运营好用户，这才是最高阶的企业竞争力。

消费金融的精细化运营

移动互联网时代，我们的产品运营要以用户为中心，一切运营围绕用户。所谓的"精细化运营"，就是结合渠道数据、转化数据和用户行为数据等，对用户使用产品的所有环节展开有针对性的运营活动，以提升整体的运营效率和用户转化率，降低获客成本，提高用户黏性和用户交易金额。

6.1 获取流量

消费金融在 2019 年，行业分化严重，持牌消费金融公司里第一梯队的捷信、招联、马上和中银整体盈利占到整个行业的 70%，其他 20 多家除少数盈利外，多数仅有微盈利甚至是亏损。影响盈利能力比较重要的一个因素是早期的流量争夺战中获取了多少优质且定位精准的客户。

获取用户是运营的第一步，也是运营最重要的目标之一。获取用户的方式有 SEO、地推、KOL 营销等。下面我们详细叙述几种主要获客方式。

6.1.1 SEO

SEO（Search Engine Optimization，搜索引擎优化）是通过对网站的内容、

结构和外链等进行优化，使网站更符合搜索引擎的抓取规则，从而提升搜索排名，提升网站流量。

在传统互联网时代，各家平台都投入大量资源改善 SEO，包括互联网金融发展初期，互联网理财和网贷平台等也会有大量 SEO 投入。SEO 在传统互联网时代之所以占据营销优势，主要原因是面对海量的信息，用户只能通过搜索引擎来检索自己想要的内容。而在移动互联网时代，特别是消费金融兴起后，用户获取内容和服务的方式发生了变化，所有的入口变成了 App，所有的消费金融服务都是以移动端 App、H5 或者小程序等提供。SEO 开始没落，其高质量、高性价比流量入口的地位正在发生改变。

排除单纯把 SEO 作为一个流量入口，其没落的现状是毋庸置疑的。以现在的趋势，SEO 价值主要体现在企业形象、品牌和产品传播层面上，而在产品价值以及掌握客户交易决策路径等层面的价值需要我们重新审视。

6.1.2　地面推广

线下 3C 消费分期领域的地面推广模式曾经是整个消费金融行业重要的业务模式和流量来源，以捷信、马上、佰仟和买单侠为代表的公司都因利用地推模式而在 3C 业务上获得了突破。这种地面推广的人海战术帮助捷信赢得了长期的业务高增长，也奠定了其在线下 3C 分期消费领域的行业地位。

但是随着市场环境的变化，线下 3C 分期消费领域失去了昔日的光辉，弊端开始显露。短期来看，地面推广方式的优点显而易见——获客效率高，但缺陷也有目共睹：成本投入极大，而且欺诈风险比较高。

除了线下 3C 分期领域以外，通过线下运营获客的就是开发大额现金贷产品的公司，从中银、北银、锦程等第一批持牌消金公司，到后来的湖北消金、兴业消金、晋商消金、中邮消金、华融消金、盛银消金等新生持牌系，再到平安普惠、友金所等一大批头部金融机构，都纷纷扎根线下大额消费信贷业务。大额现金贷线下推广主要采用代理和自营模式，即金融机构通过贷款中介或渠道商获客，甚至中介完成前期的贷款业务引导、资料收集、初步审核等贷前的大部分服务之后，金融机构才会进行最终的风险审批和放款。自营模式需要在各地铺设人力、建设直属营销中心，通过业务员进行网点获客。虽然自营模式下金融机构不与渠道商直接公对公合作，而是通过业务员对接渠道资源，但也未完全脱离渠道。

到了 2019 年，一、二线城市用户的金融需求已饱和，这里已成为巨头垄断的流量池。一些持牌消费金融平台也开始走线下获客的方式。像头部消费金融平台乐信这种校园贷线下推广出身的公司，线下地推一直是其主要的获客方式。

6.1.3 KOL 营销

社交媒体兴起后，KOL（Key Opinion Leader，关键意见领袖）营销日益受到重视。KOL 是营销学上的概念，指拥有更多、更准确的产品信息，且为相关群体所接受或信任，并对该群体的购买行为有较大影响力的人，也就是我们常说的大 V、网红。

KOL 主要分布在抖音、快手等目前最受年轻人欢迎的短视频平台上。有数据统计，抖音上有 61% 的用户是女性，而且年龄大多在 25 岁以下。这批客群比较容易接受新的消费理念。消费金融产品通过 KOL 营销主要有如下两点好处。

❑ 通过 KOL 给品牌和产品造势，通过与 KOL 在新媒体平台上合作为自己宣传和背书，特别是与有较大影响力的 KOL 进行合作，能获得目标受众的信任。

❑ 每个 KOL 都有一批忠诚粉丝，通过自己的影响力向粉丝推荐产品，从而获得客户。与行业内的 KOL 合作，可以不断增加产品在目标市场、目标人群中的渗透度，让受众对产品有更深的印象和认识，并积累知名度及积极的口碑声量，以保证用户增量的不断提升。

6.1.4 论坛、贴吧

Web 1.0 时代的论坛人气很高，是推广产品的地方，天涯、猫扑、虎扑、西祠、铁血论坛、凯迪等都曾经繁荣一时。社交媒体兴起后，诸多论坛和 BBS 淡出大众视野，绝大多数客户转战移动端。坚挺至今的论坛已屈指可数，贴吧成了一个奇迹。虽然贴吧营销不被大家看好，但也是一个发声的渠道。近年来，互联网金融行业包括消费金融很少将资源投在贴吧，通常是以公司吧的形式完成客服和舆情监控的相关工作。

6.1.5　QQ 群、微信群

群是在互联网时代起源较早的产品，与门户网站和论坛同时期发展，最早的雏形是网络聊天室，后来慢慢发展为包括 QQ 群、微博群、微信群等各类以社交为主的软件业务。群营销的主要方式是自建群或者加别人的群，通过直接与人沟通来完成产品的推广。

- ❑ 群营销可以在群内引发讨论，加深群成员对企业及产品的了解和认知，并使得对企业有利的信息在群成员中传播。群里只要引发讨论，总有不同的声音，我们需要分析群定位、群营销方式、群推广方式来精细化群营销。
- ❑ 群营销需要以内容和活动来吸引客户。
- ❑ 吸引老客户加入群后，可以以产品咨询和服务的方式来提高用户转化率、交易率和复购率。

群营销比较好的情况下，我们可以不用付费，可以在任意时间以任意频次直接触达用户，并可以得到快速反馈。群营销也是 2019 年上半年开始流行的私域流量的一个重要的运营范畴。

6.1.6　贷超采量

非场景的现金贷火爆后，催生了贷超这个新兴行业。"贷超"全称为"贷款超市"，简单来说，我们可以把它理解为一个专门为贷款行业服务的 App，如图 6-1 所示。贷超本身并不具备贷款的功能，它更像是一个各种贷款平台的汇集地，容纳了几个或者几十个贷款产品来供大家选择。

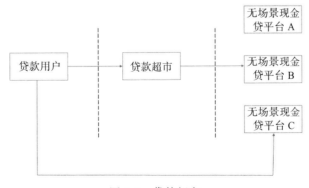

图 6-1　贷款超市

贷超对于借贷人的意义则主要在于大面积的供给。通常来说，市面上大量的现金贷产品的授信额度低、期限短，且各种平台的贷款申请流程、要求都不一样。不熟悉信贷产品的客户想要立刻借到自己需要的金额，需要花费很多的时间和精力，而贷超产品就可以很好地解决这个问题。不过从某种意义上来说，贷超的出现也增加了客户多头借贷的风险和借钱消费的冲动。

在贷款超市这个商业模式中，存在三方角色：贷款用户、贷款超市、现金贷公司。贷款超市（乙方）和现金贷公司（甲方）按常规的广告形式进行合作。用户进入贷款超市后，系统进行初步筛选，然后将用户导流给产品端。平台和产品提供方通过 H5 或 API 的方式实现连接。

主流的结费模式有如下几类。

❑ 推荐费用：按照流量、贷款金额和客户转化效果付费，通常使用 CPA 和 CPS 来结费。

❑ 广告费用：产品展示位置分为不同的档，对应不同收费标准。

❑ 会员费用：按照合作深度和时间，针对放款端制定会员等级。

❑ 服务费用：协助金融机构提供风险定价服务。

2019 年，贷超市场经过了"315""爬虫风波"和知名贷超"信用管家"等事件后，在连续密集整顿下，特别是"714 高炮"从消费金融历史舞台逐渐退场后，主要贷超的卖流量现状已经开始转变。

目前，在贷超能上架的只有持牌系产品，包括少量几家互联网平台旗下的借贷产品。从贷超导流是获取流量的一个比较重要的渠道，不过存在的问题是经历了"714 高炮"后用户质量下滑得越来越严重。对于从贷超导流的用户，我们需要监控几方面数据——CPA、申请转化率、批核率、逾期率和复贷率等，即需要综合评估各家贷超采量的成本和用户质量。

6.1.7 新媒体运营

新媒体的工作基本还是与媒体相关，是一种主要以文字、图片、视频和语言等方式为主的新兴媒体，传播速度快、传播方便，可以让客户及时接收到不同的信息。

新媒体的核心价值是帮助产品沉淀口碑并提供与用户进行深度互动的渠道。此外，新媒体可以帮助产品提升曝光率、强化品牌、提高营销的转化率。

新媒体在运营中的工作包括内容运营、用户运营和产品运营等。对于运营新媒体平台来说，除了获取流量以外，其价值在于用户互动和口碑营销，以及所有围绕新媒体运营的拉新、建立和培育深度用户关系。

目前，新媒体一般分为 3 类平台。

- 社交类新媒体：社交类平台是吸粉的主要战场，如微博、微信公众号、知乎和豆瓣等平台。这些都属于社交新媒体。
- 资讯类新媒体：以百度百家、头条号、一点资讯等平台为主的新闻类自媒体。这类平台为用户提供信息，是比较理想的产品导流渠道。
- 视频类新媒体：满足用户社交娱乐的需求，以短视频为主，如抖音、快手等平台。这几年，视频内容正经历着前所未有的增长。

目前，在整个消费金融行业做新媒体运营比较重要的平台是微信公众号和抖音，特别是微信公众号，粉丝比较容易转化为客户，所以新媒体运营的思路大多是尽量把其他平台的粉丝先导入公众号，然后把公众号的粉丝转化成交易用户，包括在公众号上直接提供用户申请、借款和还款的服务。

6.1.8　ASO

ASO（App Store Optimization，应用商店优化）是通过提升关键词覆盖及排名等方式，帮助开发者获取流量与提高下载转化率，从而获取更多交易用户。

所有安卓商店前几位的关键词搜索和排名主要把持在各家厂商手里，通过手机厂商商店的投放来获取流量。ASO 的优化主要通过商店内部曝光的方式。苹果商店流量分发主要是 70% 搜索入口和 30% 的其他入口曝光，如图 6-2 所示。

最常见的运营目的还是提高下载量、注册数、活跃度、客户申请转化率、交易金额等。而 ASO 只是完成运营目标的一种方式。ASO 除了 App 之外的优化，还包括 App 内部的优化，因为提升用户体验、提高留存率比持续不断地拉新效果更好。准确地说，更好的运营需要整体的配合。

ASO 其实和搜索引擎优化类似，需要先覆盖到某个词，才可以去做排名，这样才能让用户搜索到。而 ASO 的关键词优化是整个 App 提高关键词覆盖率的重要方向。下面介绍关键词语种、关键词选择以及更新频次。

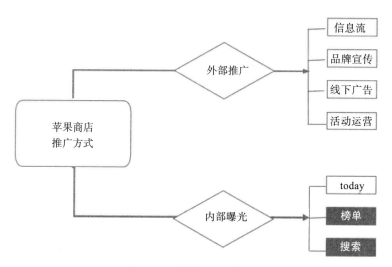

图 6-2　苹果商店推广方式

1）关键词语种：目前对于 iOS 系统来说，关键词的语种主要有中文 / 英文 / 德文 / 法文等，所以 App 在更新时最好是把这几个语种的关键词都覆盖。关键词从 100 字增加到 400 字，可提高 300% 的覆盖率。

2）关键词选择：优化的思维是相通的。和 SEO 类似，关键词的分类可以分为品牌词、行业词、产品词、竞品词、长尾词等。不同的关键词也要有侧重点，如图 6-3 所示，比如搜索指数大于 4605 的词是否做优化？难易程度不同的关键词要怎么做优化？

ASO 优化关键词					
关键词属性	关键词	搜索指数	关键词属性	关键词	搜索指数
核心词	现金借款	8312	竞品词	信用钱包	
	现金贷			现金巴士	
	手机贷款			好分期	
	手机贷			省呗	
	借钱			小米金融	
	大额贷款			拍拍贷	
	借贷			卡卡贷	
	借款			光大银行	
	现金分期			微众银行	
联想核心词	贷款软件			度小满	
	贷款秒批			分期乐	
	贷款 App			滴滴金融	
	网贷平台			安逸花	
	现金借钱			新浪分期	
	贷款软件			苏宁金融	
	小额贷款			宜人贷	
	闪电贷款			百度有钱花	

图 6-3　ASO 关键词

3）优化频次：保留有指数、有排名的关键词；去掉无指数、无排名的关键词；侧重搜索指数在 20 ～ 50 之间的关键词；增加相对好优化的竞品词、行业词；品牌词搜索布局本品牌的竞品词；每次进行少部分优化，不要大面积替换。

ASO 主要通过产品的元数据优化、关键词排名优化等，其中关键词排名优化主要通过积分墙来实现。

6.1.9 活动运营

我们之所以要做活动，大多数是为了拉新、促活和提高用户留存率。好的活动是服务，而不好的活动就是对用户的"骚扰"。精细化运营时代，活动运营也需要精准化，要策划用户喜欢的活动。

目前，精心策划的有创意的线上营销活动仍然是提供增长的强有力手段。活动营销有如下几个优点。

- ❑ 一场成功的营销活动往往能够帮我们在较短的时间内以较低的成本获取大量的用户。
- ❑ 一个有趣而好玩的活动能够给用户留下很深的印象，帮助我们有效地扩大产品的影响力和提高用户的转化率。
- ❑ 一场成功的活动运营能够帮助我们拉动获客、转化等业务指标的增长。

现阶段想靠一次活动引起轰动效应的概率比较低，能够引爆朋友圈、实现刷屏效果的营销寥寥无几。目前，多家提供消费金融服务的公司运营活动都比较平常，如图 6-4 所示。我们需要利用这些不同类型的活动来尝试拉新、促活、促投资、培养用户习惯等。

每次活动后，我们都需要及时关注活动数据，做好活动数据复盘，目的是分析此次活动的营销传播效果，也能更好地了解用户，之后更好地服务于用户。

最基本的活动数据如下。

- ❑ 活动数据：活动打开率、浏览数、参与数、中奖数、获客数据、申请数据、交易数据等。不同渠道数据的表达方式不一样。
- ❑ 参与活动的用户属性：男性多还是女性多、地区分布等。

活动运营归根到底就是为了更加了解用户，做用户喜欢的活动内容。但是，我们的活动内容再好，如果没有推送到正确的人群中，也就不会得到好的效果。

因此，想要深入了解用户，就需要通过精准的活动推送，让正确的用户参与到活动中，从而获得用户数据和活动数据。

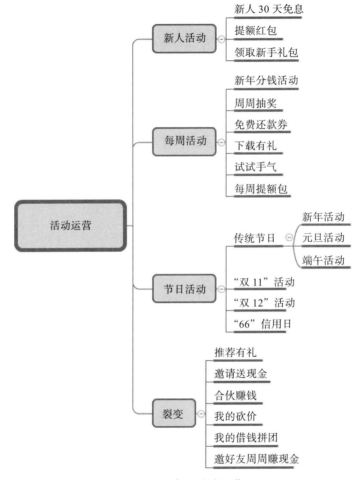

图 6-4　常见活动运营

6.1.10　信息流投放

信息流广告是位于社交媒体用户的好友动态或者资讯媒体、视听媒体内容流中的广告。信息流广告的形式有图片、图文、视频等，特点是算法推荐、原生体验。我们可以通过标签进行定向投放信息流广告，并根据自己的需求选择曝光、落地页或者应用下载等。信息流广告对于用户来说体验相对较好，对于广告主来说也可以利用用户的标签进行精准投放。

信息流广告本质上是为使用互联网产品的用户主动推送的、与产品功能混排在一起的原生广告，常见于社交媒体的资讯类内容。一般，信息流的广告分类有新闻资讯、社交媒体、搜索引擎、视频等。头部的信息流广告投放渠道如图6-5 所示。这些主流的信息流平台流量庞大而且定向推送，用户体验相对较好。

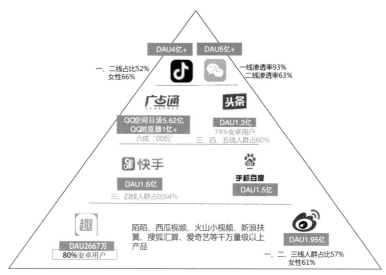

图 6-5　信息流广告投放渠道

微信、今日头条、腾讯新闻、网易新闻、新浪新闻，这些都是新闻信息流。信息流建立在互联网 App 的生态圈中，由系统推送给用户的信息包括图文和短视频等内容。信息流广告依托海量的用户数据和信息流生态体系，可精准捕捉用户意图，有效降低用户干扰，将广告展现给目标客户，并且容易激发受众的主动性，促使其主动接受、分享。目前，市场上比较受欢迎的信息流投放渠道有如下几种。

（1）腾讯广点通

日活：1 亿 +。

iOS 占比：40%。

女性占比：45%。

年龄：18 ～ 40 岁占比 85%。

基本情况：广点通包含手机腾讯网、微信、QQ空间等众多资源。通常投放比较多的是feeds广告。

付费效果：CPM（按千次曝光次数付费）和CPC（按有效点击次数付费）。

（2）今日头条

日活：5000万。

iOS占比：30%。

女性占比：45%。

年龄占比：18～40岁占比70%。

基本情况：目前是最大的资讯类信息流平台，支持跳转到H5落地面、一键下载App。

付费效果：CPM和CPC。

（3）微信朋友圈

日活：5亿+。

iOS占比：30%。

女性占比：40%。

年龄占比：18～40岁占比80%。

基本情况：微信朋友圈广告是微信平台为广大广告主提供的广告投放渠道。广告主通过系统投放、管理广告并衡量效果，整合亿级优质用户流量，实现多种营销推广。其主要基于微信生态体系，以类似朋友圈的原创内容形式在用户朋友圈展示原生广告。

付费效果：CPM和CPC。

（4）抖音

日活：4亿+。

年龄占比：85%用户都是"90后"。

地区：70%以上的用户来自一、二线城市。

性别：男女比例2∶3。

基本情况：抖音投放广告是在今日头条后台。收费模式、价格及广告精准定向与今日头条一致，只需要开通"今日头条广告"，在广告后台自己设置并投放就可以。抖音信息流将广告主投放的视频广告在抖音推荐频道的信息流中进行展示，同时支持从视频广告点击跳转至广告主设置的落地页。

付费效果：CPM、CPC 和 CPA（按每次行动成本付费，如电话咨询、表单提交、单次下载等成本）。

信息流广告的投放策略采用多代理、多账户投放，每个投放渠道找 3 ～ 5 家代理，每家代理使用 2 ～ 3 个子账户进行测试或投放。每天每个子账户投放 10 条素材，并测试每条素材的投放效果。如图 6-6 所示，投放过程中使用 H5-JS 或 API 对接信息流，使用 DMP 精准把握目标人群，降低整体获客成本。

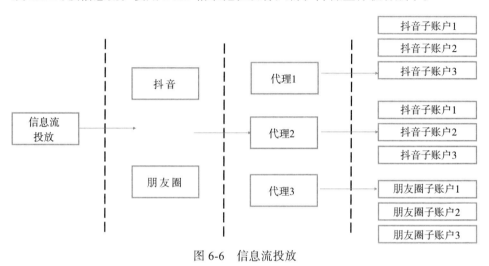

图 6-6　信息流投放

目前，互联网金融行业从投放渠道来看，主要集中在抖音和微信朋友圈。从投放效果来看，每个用户的注册成本需要 40 元～ 60 元，信贷行业的每个授信用户成本需要 180 元～ 250 元，CPS 成本需要 900 元～ 1000 元。所有的平台信息流广告投放优先选择头条系和腾讯系。

6.1.11　电话营销

近两年，"714 产品"比较疯狂，申请过消费金融产品的用户可能每隔一段时间就会收到一批贷款短信或者电话营销，甚至在一家 App 上注册后，连续一段时间内都能收到信贷类的短信和电话。通过电话和短信触达用户是比较传统的营销方式。虽然在移动互联网时代，电话营销受到了一些挑战，但与其他营销方式比，其更加人性化、成本更低而且触达率高。短期来看，电话营销具有不可替代性。

从消费金融行业整体来看，电话营销呈增长趋势。早期的电话营销都较粗放，成功率、响应率和转化率都较低。而大数据时代，通过大数据建模对客户进行细分，可以提高电话营销的精准性、接通率和整体营销响应率，从而提高成功率。

电话营销（简称电销）客户的范围在合规层面都必须是自己公司的客户而且营销前必须经过客户的同意。电销客群的范围如图6-7所示。互联网业务如互联网获客、运营从来都不是传统持牌金融机构的强项，因此也很难有大量的业务预算。不过，电话营销是传统持牌金融机构的强项，很多传统持牌机构的第一波客群都是从渠道和场景中转化来的。如招联消费金融的第一波优质用户就是与支付宝合作转化来的。3C分期行业巨头捷信前几年在线下3C大战过程中获取了大量的客户和分期数据，目前也在大规模转化3C分期客户。趣店也是在与支付宝合作过程中获取了千万级的优质客群。通过数据分析可知，电话营销无论是从获客成本还是从客群质量来说都是相对合算的营销手段。

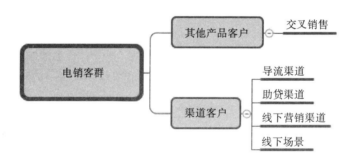

图 6-7　电销客群

电话营销要把所有需要营销的客户做聚类，聚类完成后再定位一些数据特征，进一步进行分类和分析，针对不同类型的客户提供适合的产品和营销方法，给予差异化的定价、额度和一定的优惠政策。如图6-8所示，我们不需过多打扰用户，而是要充分挖掘数据价值，构建精准营销模型，使用AI机器人配合开展电话营销作业，提高整体客户响应率和转化率。

电话营销的方向，就是结合数据分析，不断优化目标用户范围，再去做精细化营销。收集客户数据及通过建模来分析客户的真实需求，在客户需要用钱的时候及时提供服务是最重要的。

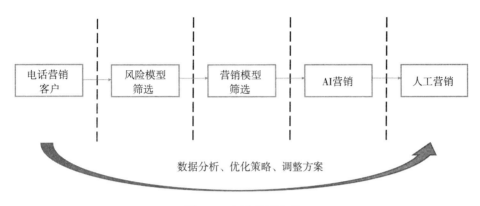

图 6-8　电话营销流程

6.2　流量运营

获取用户是运营的第一步。在用户使用了产品后，我们需要重视用户的活跃度、用户转化率和用户的留存情况。除了加强优化客户体验外，精细化运营是我们的重点工作之一。

6.2.1　促活

千辛万苦从各种渠道获取的目标用户，因为各种各样的原因没有完成交易，导致部分用户进入沉睡状态。此时，我们需要考虑如何促活这部分用户，使其成为产品的真实用户和交易用户。

1. 圈定用户

首先需要定义需要促活的用户，然后才能定义促活策略。不同阶段的贷款用户如下所示。

（1）注册用户

用户注册的门槛比较低，一般只需要手机号就可以。登录的门槛也比较低。已经注册的用户可能没有后续任何动作，也可能没有申请授信。我们需要分析这些用户的行为轨迹和访问路径，找到用户沉睡的具体原因。

（2）已授信未借款用户

借款用户的诉求比较清晰，转化率也比较高。一般来说，授信用户的提现率在 60% 以上。

授信用户不借款的主要原因有 2 个。一是额度低，这是硬伤，可以考虑让用户申请提额，以及引导用户清楚借款以后系统会自动提额。二是利率高，可以给用户发优惠券或免息券。

（3）已结清用户

这批用户是相对优质的用户，需要我们重点关注，提高用户的复贷率。一般情况下，考核要求复贷率为 80%。

针对这批用户，可以通过提额或做活动提高复贷率。大部分用户比较关心自己的额度，分阶段适度提额会促活一些老用户，因为老用户会觉得受到了平台的重视。做活动是活跃用户的一种有效方法。大部分活动是针对新用户的，反而冷落了老用户。适度给老用户发些优惠券，或者发红包鼓励老用户拉一些朋友进来，都会有不错的效果。

2. 触达手段

用户的运营离不开触达渠道。可以说，触达渠道的手段决定了最终的运营效果。如何做精准的用户触达、如何选择不同的触达渠道、如何最大限度实施多渠道的组合效果，以及如何让触达既表达了态度也传递了温度，都值得思考。

沉睡用户的触达是比较大的难题，比较经典的方式有短信、消息推送、邮件、电话等。目前，消费金融产品没有一个完整的生态，用户借钱后马上就会离开，用户的黏性也比较低，单一维度很难系统地分析用户。如果在大型生态里，我们可以在用户常去的路径埋设触达点。

比较乐观的是沉睡用户已经使用过我们的产品，在注册等过程中对产品已经有所感知，且产品是用户的刚需，同时我们也沉淀了一些用户数据。

具体触达手段如下所示。

（1）消息推送

消息推送指运营人员通过自己的产品或第三方工具主动给用户推送消息。用户可以在移动设备锁屏页和通知栏看到消息通知，点击通知栏可唤醒 App 并去往相应页面。我们平时在锁屏页看到的微信消息等都属于 App 消息推送。

用户对于消费金融产品的活动和优惠类消息打开率相对较高。我们需要对用户做精细化分析，最好能做到给不同类用户推送不同的消息。但过多的推送消息会使用户反感，甚至是让用户卸载 App。我们一定要把握好推送频率。

消息推送是 App 运营者重要的运营手段之一。对于用户召回、促活的效果比较好。App 消息推送是一把双刃剑，运用得好，可以帮助 App 运营者高效实现各种运营目标，反之则会让用户讨厌，甚至导致 App 的卸载率提高。

（2）短信

短信凭借着优秀的触达效果成为最受欢迎的营销工具之一。

短信触达率高，成本也好控制，并且可以针对用户使用差异化的内容，即千人千面的短信推送。但是短信内容比较单一，频率较高的短信通知容易让用户产生反感而拉黑。

大部分的短信通知内容都与活动有关，文字要有吸引力，活动要有诱惑力。

（3）邮件

邮件是平台与用户交流的重要媒介，可直接、快速地对用户进行精准营销。现如今的平台或多或少都会利用邮件这个营销工具。

邮件成本较低，可传达的内容多，在内容呈现方面多样化，文字、视频、图片、链接、文档等都能加上。而在内容类型上，邮件推送较多的是 App 产品功能更新通知、产品使用教程、账户信息通知、App 活动通知等。

不过，用户不一定留邮箱，而且邮件时效性和打开率较差。我们对各类用户的邮件打开率进行了测试和跟踪，发现如果此邮件为开通支付宝服务，那么打开率较高。邮件标题有吸引力，打开率也高。

使用邮件营销时，我们应该关注邮件推送到达率、邮件打开率、用户召回率，这些数据能帮助我们更好地进行邮件内容优化、用户数据分析、推送时间预测等，从而为用户提供更好的服务。

（4）电话

在其他手段无法召回用户时，我们可考虑使用电话。打电话容易联系到用户，便于获得用户的反馈，进而分析为什么其他手段无法转化用户。

目前，电销机器人的工作效率很高，而且一般情况下用户无法分辨是机器人还是人工。

App 的用户促活方法也比较多，我们需要对用户进行画像分析，对不同的用户传达不同的内容，尽可能地促活用户。

3. 促活率

关于促活，我们比较关注的指标还是转化率，即运营真正能带来多少转化。我们首先把转化路径定义出来，然后通过数据分析来优化运营和解决问题，如图 6-9 所示。

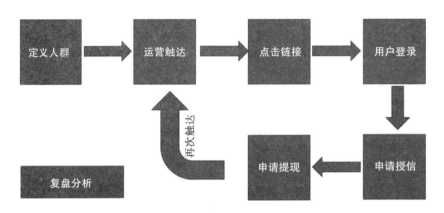

图 6-9　促活流程

（1）定义人群

基于金融产品的特殊性，我们需要将沉睡用户分类定义。

❏ 注册后 3 天内未访问的用户；

❏ 3 天内未完成申请的用户；

❏ 7 天内有额度未贷款的用户；

❏ 30 天内已结清但未复贷的用户。

针对这些用户，我们需要进一步通过运营去促活转化。

（2）运营触达

触达的方式很多，我们需要针对不同阶段的用户使用不同的触达方式。

❏ 针对还未卸载 App 的用户，首先使用消息推送、短信、邮件，然后使用电销的方式。

❏ 针对已经卸载 App 的用户，我们使用短信、邮件和电销的方式。

注意触达时间点和间隔时间，以免引起用户的反感甚至投诉。

（3）点击链接

如果用户在收到短信或邮件后点击其中的链接，我们需要重点关注这个链接的埋点，这是第一个转化点。这个环节中沉睡用户的转化率目标应该是 20% 以上。

（4）用户登录

用户转化后会下载、注册和登录 App，这是第二个转化点。我们需要观察多少比例的用户没有通过这个环节。用户登录 App 后，我们要给用户发送一个优惠提醒，告诉用户领取现金券或折扣券，这样会提高用户转化率。这一环节中用户的转化率应该在 80% ～ 90%。

（5）申请授信

由于用户的诉求比较清晰，因此在用户下载 App 并且登录后，要尽可能让用户申请授信。我们需要每天观察数据，监控有多少比例的用户没有申请授信，这些用户是否出现类似如下问题。

❑ 不会操作。

❑ 没有带证件，第二天忘记了。

❑ 担心有安全隐患。

❑ 系统有漏洞，无法完成申请。

（6）申请提现

通过授信的用户，此时应该有 50% 以上的转化率。我们应重点关注这批用户的提现率。

（7）再次触达

首次触达的用户如果 3 天内没有转化，需要马上跟进，如图 6-10 所示。

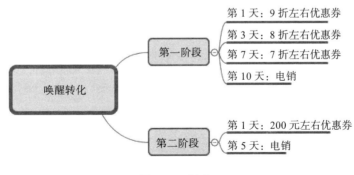

图 6-10　转化

我们需要不断尝试新的触达方式。以我的运营经验推断，每天上午 7 ～ 9时、11 ～ 12 时的短信触达转化率会高一些；提高转化率要有"诱饵"，比如现金券、折扣券等。

（8）复盘分析

根据我们的运营数据，需要每周做常规动作进行复盘分析。不同的产品、不同的客群，需要有不同的运营策略，需要在事后进行数据分析来精细化运营步骤。

促活用户要像对待新用户一样，对不同的用户采用不同的组合策略。无论采用什么方式，最终我们还是要落实到数据上，即到达率、打开率、链接跳转至 App 下载页面的转化率等，通过数据去衡量内容文案以及触达方案的效果。

6.2.2　转化

运营的根本目标是引导用户完成运营人员预设的某个期望行为或者某个预设任务，从而尽可能延长用户生命周期。从这个角度讲，运营人员所进行的每一项操作都应该为用户转化服务。提高转化率是运营中的核心工作。更高的转化率意味着流量成本更低、营收更高，我们可以据此加大流量投放的规模、加快获取客户的速度。

App 内部运营转化率等于实际交易人数除以注册人数。用户从注册 App 到交易之间还有很多步骤，包括活体识别、身份证识别、绑卡等。

漏斗模型是很成熟的分析模型，直观展示了转化过程中每一级的用户流失。如图 6-11 所示。用户从漏斗顶部进来，从第一级开始流失，到交易结束前，每一级或多或少都会有流失。运营的工作就是分析用户在每一级流失的原因，然后最大化每级的转化率。

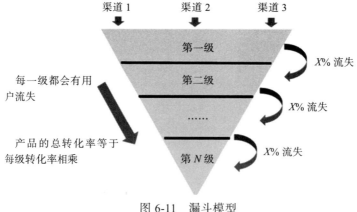

图 6-11　漏斗模型

转化分析的基础是衡量总转化率、每一步转化率及其随时间的变化趋势。我们需要在报表里对每一步的转化率进行实时监测分析。用户体验也会影响到转化率，我们需要从不同的数据维度进行分析，比如用户的手机型号、操作系统、App 版本、访问来源、所在区域、年龄段和性别等。

产品优化和运营精细化都是为了更好地提高转化率。每一步转化率的提高都会促进最终的转化率提高。运营人员在工作中一定要具体问题具体分析，根据每个阶段的特征采用不同的转化方式，尽可能取得最好的用户转化效果。

6.2.3　留存

除了获取、促活和转化用户外，最重要一点的是让用户留存下来，降低用户的流失率。当用户接触到我们的产品、体验了产品的基本功能后，我们就需要引导用户持续使用产品。在产品运营过程中，用户通过拉新活动进来，经过一段时间的访问后仍然在平台上活跃，这种状态就叫作留存。

不同产品对于留存率的关注点不同，因为每个产品的使用周期和使用频率都不一样。不同类型的产品对于用户的留存要求也不一样。对于消费金融行业，用户使用产品的频次如下所示。

❑ 每天都要使用的产品：分期商品。

❑ 每月使用的产品：场景产品、现金贷类产品。

用户留存工作可划分为两部分，即新用户留存和老用户留存，如图 6-12 所示。

新用户的留存重在优化体验，快速让用户感受到产品的核心价值。我们常常会给用户设定一条体验路线，但其实用户根本没有按照路线走，如果没能在第一时间将产品价值和用户需求合理匹配，那么很可能会使用户流失，因此做好新用户的行为引导是保证用户留存的前提，也是一个产品大规模市场投入的前提。老用户的留存重在精细化运营，即精细化的运营策略和精细化的数据监控。

图 6-12　用户留存

留存率高的本质在于，产品提供的服务可以让用户留下来。线上消费金融产品可提供的服务无外乎是产品的一些关键属性：商品类分期、现金贷类分期、使用额度、使用期限和产品风险定价。

提高留存率的一个重要手段是找到活跃用户和非活跃用户之间的行为差异。找到这种差异的方法有两种：数据分析和用户回访。

❑ 数据分析：分析哪些用户行为与用户活跃正相关，二者正相关度很高，就说明这些用户行为之间的差异很可能是影响用户活跃的关键。

❑ 用户回访：通过与活跃用户和非活跃用户较为深入地沟通，了解用户的年龄、职位、地域、消费水平等情况，分析他们的行为特点、需求痛点和使用动机，进而找到这两种用户的差异。

有很多用户行为的差异就是通过电话回访聊出来的，因为这样能够听到很多用户的真实感受。比如，通过回访得知某产品因为流程太复杂，所以用户流失了。在优化流程后，留存率显著提升 27%。我们需要定义用户留存数据分析流程，如图 6-13 所示，用数据分析的方式找到用户增长着力点，并通过降低新用户的上手成本来提升新用户留存率。

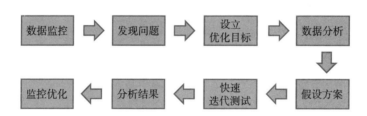

图 6-13 用户留存数据分析流程

分析用户留存数据的目的在于总结用户生命周期特征，并通过精细化分析找出用户留存 / 流失的原因，本质上是帮助我们了解产品留住用户的因素，指导我们去试验、迭代和优化产品。更重要的是，通过留存分析可以帮助我们改进前期投入和后期运营的整体战略，更好地决策下一步行动。

6.3 数据运营

运营没数据，就像是摸着石头过河。数据可以帮助业务人员提升效率、降低成本、挖掘创新点、准确判断。更好的数据运营能力，常常意味着能更快地解决问题、更好地达成目标。

数据是反映产品和用户状态最真实的方式，可以指导我们决策、驱动增长。数据运营是一种技能。通过数据分析可以发现问题、分析问题，进而提升运营效率、促进用户增长。

大数据时代，数据运营不应该是运营团队里的一个岗位，每个运营人员都应该有数据思维和数据意识，都要掌握数据分析手段。

我们在实际运营工作过程中可能经常遇到下面这些问题。

❑ 今天的进件量为什么比昨天下降了？

❑ 今天的转化率为什么低了？

❑ 今天的注册量为什么上升了？

❑ 上周上线了几个新功能，其中哪几个被用户使用了？

❑ 老用户的流失率是多少？

❑ 哪个渠道转化率最高？

大数据的真正价值在于我们可以通过数据做出决策。在具体运营工作中，我们需要做到如下 3 点。

❑ 剖析用户：首先我们需要通过工具来分析、监控和查看数据，需要通过数据知道用户使用情况，比如注册、登录、转化、订单和成交情况。

❑ 制定目标：我们需要制定具体的量化目标，在运营过程中分析数据以优化运营手段。

❑ 监控调整：在运营过程中，按照小时、日、周、月来分析数据，监控运营效果，不断地调整运营手段，持续优化，使运营手段越来越有效，逐渐降低运营成本。

数据运营主要有如图 6-14 所示的 4 个步骤，即数据产生、数据收集、数据建模和数据分析。

我们可以利用数据判断业务和用户变化趋势，从而展开有效行动，同时，发现问题，推动业务创新或优化解决方案。

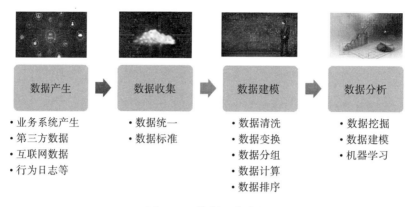

图 6-14　数据运营步骤

6.3.1　数据收集

除了业务数据，App 的其他数据我们对需要做好数据埋点。所谓"埋点"，就是在正常的功能逻辑中添加统计代码，收集需要的数据。

主流的数据埋点方式有如下两种。

第一种：自己开发 App 时加入代码，研发自己的大数据系统。

第二种：利用第三方统计工具。

不同产品和不同目的需要的支持数据不同。确定好需要的数据后，选择适合自己公司的方式来收集相应数据，如图 6-15 所示。

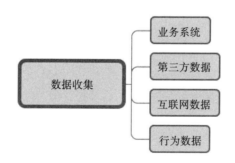

图 6-15　数据收集

我们在分析数据前首先要保证后台有数据，现在基于开源平台的数据存储成本是比较低的，不用担心存储数据量过大。产品设计之初就需要考虑数据收集问题，如果等产品运营的时候再收集就太晚了，对产品流程和功能改造的成本也太高，而且没有前期的数据，也没法做分析。

大数据时代下的数据来源多种多样，有业务系统产生的用户、产品、交易、订单、理财和借贷等数据，也有第三方合作提供的数据，还有行为数据、爬虫抓取的互联网数据等。

6.3.2　数据建模

有了数据之后，就要加工数据，不能把原始数据直接暴露给业务分析人员。数据本身可能是杂乱的，没有经过很好的逻辑抽象，这就涉及数据建模，如图6-16 所示。

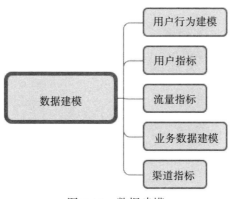

图 6-16　数据建模

在数据分析领域，特别是针对用户行为分析方面，目前比较有效的一个模型是在线分析处理模型。它是一个多维数据模型，由维度和指标这两个基本要素构成。

1. 用户行为建模

数据建模需要有用户访问、用户设备、地理位置、注册数据、申请数据、购买行为等多维数据。

用户在 App 中的浏览行为、浏览路径、使用频率和停留时长等，都可以作为用户的行为数据记录下来进行分析。比如运营人员在做市场促销、推广、抽奖活动时，可依赖页面访问深度和停留时间来评估活动对用户的吸引力度，及时调整策略，吸引更多用户。

图 6-17 所示为对用户在 App 产品上的业务操作和行为轨迹进行统一数据建模及分析。

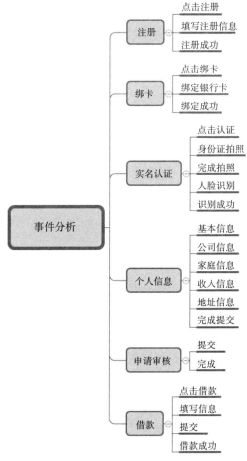

图 6-17　事件分析

2. 用户指标

用户指标是运营最核心的指标之一。建模阶段需要系统地定义用户指标体系，如图 6-18 所示。

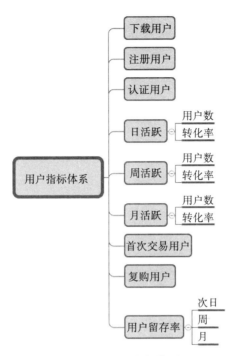

图 6-18 用户指标体系

3. 流量指标

运营人员每天比较关心的依然是新增、活跃、留存和转化这些移动端运营中比较重要的指标，如图 6-19 所示。

（1）新增

每天的新增用户数和设备数是运营人员比较关心的。对于消费金融产品来说，其需要通过设备指纹来识别每一个用户，每台设备对应唯一的指纹。

下载数、新增用户数、新增设备数、注册数是运营人员需要重点收集的数据。

（2）留存

次日留存率是留存环节的关键指标。第一天有 10 000 个设备下载并打开了 App，第二天有 4000 个设备再次打开了 App，那么次日留存率就是 40%。

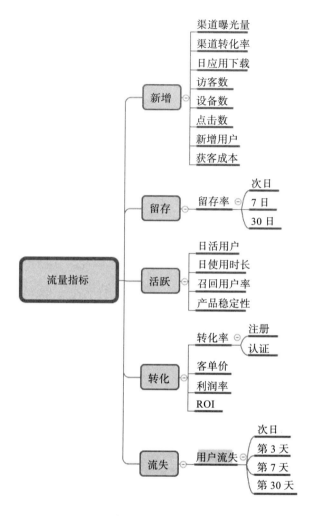

图 6-19　流量指标

（3）活跃

App 的数据最能真实反映其运行的具体情况，也能够帮助运营团队了解目标客户和优化方向。

活跃度指标包括：日活用户（DAU）、周活用户（WAU）、月活用户（MAU）、日使用时间、启动次数、主动触达用户召回率、产品稳定率、卸载率、崩溃率。

（4）转化

对于产品和运营团队来说，最核心的指标就是用户的转化率。渠道最关心的指标也是转化率。

我们首先要明确 App 的核心功能，然后去监测这个核心功能的转化率，比如游戏 App 中的付费率、电商 App 中的购买率，不同的行业有相应的转化率名称。

消费金融类 App 比较核心的几个转化点为用户注册、绑卡、认证、交易。绑卡是用户比较敏感的操作，一旦完成绑卡，就表示用户比较信任我们的产品，后期的交易转化就比较容易。我们可以将自己的产品和行业的平均水平进行对比，看看自己的产品所处的地位和可优化的空间。

（5）流失

新用户进来后，我们需要统计次日、第 3 天、第 7 天、第 30 天还在继续使用产品的用户数。流失率的变化可以直观反映该 App 是否在向好的方面发展。行业里有一些用于判断产品是否向好的方向发展的指标。

另外，我们需要收集具体环节的用户流失数据，为下一阶段的分析和优化做准备。

4. 业务数据建模

业务数据建模可以分为 3 个维度：用户维度、产品维度、订单维度。

业务数据在开发阶段基本是固定的结构化数据，这一阶段我们可根据业务需要进行数据抽象。

消费金融借贷类产品的核心业务指标如图 6-20 所示。

5. 渠道指标

在 App 发展阶段，大部分流量的获取依赖于渠道，我们不可避免地需要花资源去渠道引流或购买流量。无论是自营渠道还是第三方渠道，我们都需要计算各个渠道的成本、回报和投入产出比（ROI）。

我们需要详细跟踪和监控不同渠道的用户质量、用户转化和用户交易情况，详细分析渠道下一阶段的投入资源占比。

流量的质量在于渠道运营方式。App 下载、注册、登录、认证、购买等环节的流量，都是我们要监控的数据。

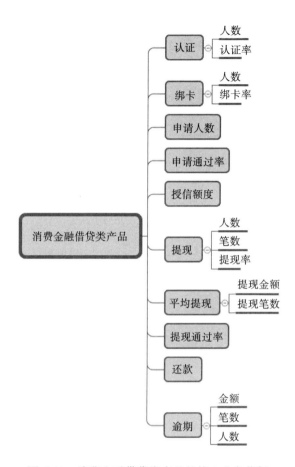

图 6-20　消费金融借贷类产品的核心业务指标

渠道维度自然也是运营团队关注的重点指标，及时跟踪渠道效果可以用好推广预算，实现最高的 ROI。

6.3.3　数据分析

数据分析是指用适当的分析方法对收集来的大量数据进行分析，提取有用信息并形成结论。我们需要把数据建模的指标进行汇总，把数据抽象出多种维度进行分析。数据分析方法包括漏斗分析、留存分析、渠道分析等。图 6-21 所示为常用的一些数据分析指标。

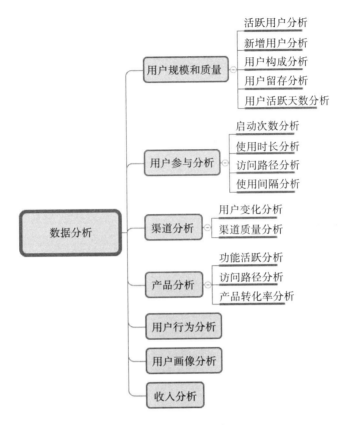

图 6-21 数据分析指标

1. 漏斗分析

从下载 App 到后面的每一步操作，每个环节都有用户流失。

2. 留存分析

留存用户是指在某段时间内新增的、经过一段时间后依然使用 App 的用户，这部分用户占当时新增用户的比例称为即时留存率。统计留存用户的时间粒度很细，通常我们会关注次日留存、7 日留存、30 日留存，如图 6-22 所示。

3. 渠道分析

不同渠道获取的用户量、用户质量不同，我们可以据此给渠道定级，然后去维持优质的渠道，放弃一些质量差、可能存在虚假数据的渠道。

公司用户留存								
首次使用时间	新增用户	留存率						
		1 天后	2 天后	3 天后	4 天后	5 天后	6 天后	7 天后
2019-6-1	105	22.9%	14.3%	13.3%	12.4%	5.7%	7.6%	3.8%
2019-6-2	118	21.2%	9.3%	9.3%	10.2%	13.5%	5.8%	
2019-6-3	110	27.3%	25.5%	11.8%	11.5%	10.5%		
2019-6-4	134	29.1%	17.9%	9.7%	7.5%			
2019-6-5	171	24%	15.8%	9.9%				
2019 -6-6	116	29.4%	18.1%					
2019-6-7	110	25.5%						

图 6-22 留存分析

渠道分析主要是分析各渠道在相同投入的情况下用户数量的变化和趋势，以便科学评估渠道质量、优化渠道推广策略。

数据是反映产品和用户状态最真实的方式。通过数据挖掘、数据模型等方式，可深入分析业务数据，提供数据分析报告，定位问题，提出解决方案。我们要保持对数据异常的敏感性，在实际的业务工作中，不断从数据中提出问题，不断尝试根据数据来优化运营策略，进而实现客户和业务的增长。

消费金融的数字化转型

数字化转型是从 2017 年开始逐渐升温的新概念，开始阶段只是那些有着悠久历史和深厚业务根基的大型企业的重要课题，后来慢慢延伸到了中小企业。不同行业、不同类型和不同规模的企业对于数字化转型的定义、组织和实施有着不同的理解。其中，IDC 对数字化转型是这样定义的："利用数字化技术（例如云计算、大数据、人工智能、物联网、区块链等）和能力来驱动企业商业模式创新和商业生态系统重构的途径和方法。"

❑ 数字化转型的目的：实现企业业务的转型、创新、增长。

❑ 数字化转型的核心：业务转型和创新。

❑ 数字化转型的基石：数字技术。

数字化转型是企业战略层面的概念，并不是只追求眼前效益的战术。其本质是以数据为核心，进行创新转型，最终实现业务的持续增长。

数字化转型在消费金融行业催生了新的管理模式。实现数字化转型，需要依托线上金融服务工具和底层技术。强大的数据和 IT 基础设施为在线业务提供了技术支持。

7.1 数字化转型

很多人对企业数字化转型有一个误区，即把某个应用或者业务的数字化称为数字化转型。比如互联网消费金融行业中，所有的产品和服务都是基于信息技术提供给客户的，这是否代表所有提供在线消费金融产品的企业都已经是数字化企业了呢？显然不是。数字化转型并不只是技术转型，而是更广泛的客户驱动的战略性业务转型，不仅需要实施数字技术，还需要企业组织变革，包括对业务模型、技术投入产出、财务、企业文化等进行战略调整。

随着工业技术和信息技术的飞速发展，商业系统的需求、生产流程、业务逻辑的复杂性逐渐增加。

企业的软件体系、商业模式、咨询服务、运维体系逐渐从传统信息化向数字化转型，同时大量的数据、模型、决策信息向平台层汇聚。数字化与信息化的差异如图 7-1 所示。数字化转型必须从 CEO 开始，需要跨部门协作，将以业务为中心的理念与快速迭代的应用程序开发模式相结合。这种全面的变革通常包括追求新的商业模式、新的收入来源，而这些通常是由客户对产品和服务期望的变化驱动的。

转型内容	信息化	数字化
时间	20 世纪 80 年代到 2010 年前后	2015 年后
代表性技术	IT 技术	"云计算 +AI" 为代表的互联网新技术
技术方案	IT 支撑业务	DT 实现智能化运营，技术创新
方案	"硬件 + 软件" 的方案	基于 "软件 + 数据" 的赋能服务
技术作用范围	单一项目或产品交付	全局、体系化、决策平台
技术型企业与客户	一次性交易	长期合作、联合创新
优势	信息化、高效率	大企业包括中小企业
数字化进程	信息化、单点数字化	多点、全链路数字化
阶段性任务	业务信息化	数据业务化
驱动力	流程驱动	数据驱动
企业推动负责人	CIO 和 CTO	CEO
数字化核心	信息化、自动化工具完成业务	以智能化的 "数据 + 算法" 完成业务，服务客户
客户关系	以企业为中心，向客户提供产品和服务	以客户为中心

图 7-1　数字化与信息化的差异

面对数字化转型的大变革，企业发展和决策需要实现 3 个转变。

❑ 面对客户需求的不确定性，企业需要以"数据＋算法"的策略应对不确定性，摒弃冗余思维、静态思维，走向精准思维、动态思维。

❑ 企业数字化转型就是要把软件、设备、流程优化、管理变革最终转化为企业的新型能力。

❑ 通过产品与客户建立一种强关系，成为 24 小时在线了解、预测、满足客户需求的客户运营商。

7.1.1 客户关系

长久以来，我们都支持客户为先的文化，如果将用户当作客户，无论用户是否为服务付费或交易，我们都会尽一切努力吸引、维系他们。为了实现数字化转型，企业必须打造可以满足客户需求的企业文化，或者提供帮助客户降低成本的服务和产品。

在内容爆炸的时代，浏览内容占用了我们大量的时间，而业务交易需求变成了时间线中的极短节点。因为业务需求而建立的用户关系，逐渐转变为因为对数字内容感兴趣而建立的关系。由于用户关系建立的门槛变低，因此获得了很高的用户基数。大量用户的线上交互改变了社会关系形态，也为业务的横向比对提供了大量的、多维度的信息数据支持。这种用户关系逐渐在影响对业务决策，进而造成资源再分配。金融服务的入口在转移、黏性方面变弱，感知能力在下降，导致目标客户和市场一直在变化。

从数字化转型角度来分析，挖掘消费金融自身的场景，增加用户黏性和提高服务频次，围绕着用户重建用户关系、搭建成长体系，都能创造巨大的价值。

7.1.2 实时反馈

在数字化时代，所有客户都期待着自己的请求能够立刻获得反馈。数字化世界的响应时间已经开始以毫秒为单位来衡量。

数字化系统应该能全天候接受请求，提供给用户的需求或服务能按需可用，并实时反馈给客户。最终一致性是一种行之有效的架构方法，但应该根据网络和自动化处理延迟进行衡量，而非业务过程延迟。

7.1.3　智能化

向客户提供服务的过程中，应该尽量减少交互，避免打扰客户。智能化服务应该包含尽可能多的计算机处理过程，需要的人工介入越少越好。

烦琐的工作都应由数字化服务来处理，将客户或其他人员需要付诸的精力减至最低。

"人工智能＋消费金融"可以催生新的业务、场景和商业模式。人工智能技术的呈现形式、应用场景及其产生的影响也展示出多样性。在互联网金融领域，人工智能的应用更为成熟，对在线产品和服务转型已经产生了极为深刻的影响。智能化的发展加快了客户的决策速度，最大限度地减少了客户成本并提高了效率，同时也推动了产品与服务的创新。

7.1.4　用户体验

用户体验是竞争的焦点，当下用户行为和期望都在迅速发生变化。美观和简单的交互界面应该是产品最基本的特征。简单、易用、能够迅速满足用户的需求，是数字化时代一个比较重要的标志。

用户不需要关心功能的优化和更新过程，但数字化平台需要定期高频率地改进，以满足用户对产品的期望。在不断优化迭代的过程中，产品的设计要尽可能简洁。复杂的设计意味着需要更多的维护，更多的出错可能，更长的确保服务正常运转所花费的时间。

借助大数据分析，我们就可以根据客户的消费习惯和行为特征，及时、准确地把握市场行情和客户行为，并且还能根据客户年龄、行为、财务状况和需求等各种维度对潜在客户进行分群，为不同客群制定个性化的、精准定向的运营策略。在用户使用产品和服务的整个旅程中，包括 App 下载、信息查询、申请流程、支付体验等环节，我们要不停地优化和创新客户关心的点。

7.2　数字化转型的技术驱动力

在数字化转型过程中，技术的不断发展是重要的推动力。特别是人工智能、大数据、物联网和云计算这 4 个关键技术，它们促进了各个业务场景的发展和业务模式创新，如移动互联网、人脸识别、虹膜识别、语音识别等深度嵌入场景的技术。

在大数据技术的快速推动下，消费金融领域各家平台的产品可以借助众多技术实现对数据的洞察。最常见的信贷场景是，通过多种数据源的集成与分析构建用户画像，以实现精准营销、信用评级、用户风险识别等。面对丰富的数据源及海量数据，除了通过大数据技术进行数据采集、清洗、分析外，我们也可借助机器学习和神经网络等技术挖掘数据信息。

数字化转型的目的是从数据出发，借助云计算、大数据、物联网、人工智能等技术手段对业务进行改造和创新。数字化的关注点是进一步借助已经颇为丰富的数据，通过人工智能技术来实现深度学习和挖掘，从而在业务场景中创新产品。

7.2.1　云计算

云计算的核心技术是虚拟化，但传统意义的虚拟化环境不能称为"云"。二者在可扩展性、灵活性、灾难恢复、成本等方面都有很大区别，如图 7-2 所示。

项目	云计算	虚拟化
可扩展性	公有云拥有几乎无限的资源扩展性	根据集群规模限制
灵活性	Web 控制台、API、SDK 等多种方式使用	基于管理软件控制平台
灾难恢复	单机故障对用户几乎是无感知的，多可用区避免了机房级别的故障	基于存储的灾难恢复
成本	按需使用、按需计费	硬件以及软件授权费用，一次性付费

图 7-2　云计算和虚拟化比较

我们采用云计算支持数字化转型，以实现巨大的业务增长，提高效率。云计算使我们的业务能够保持相关性，并在完全动态的生态系统中发展和成长。数字化转型包括寻找更新的商业模式，因此企业必须不断创新，才能在竞争中领先。而云计算是推动这一创新的催化剂。云计算提供诸如灵活、成本低以及可扩展方面的功能。云计算提供如下功能帮助企业实现数字化转型。

1）敏捷性：云计算提供的基础设施、平台和计算能力，可以帮助企业保持敏捷性，随时做好应对变化的准备。

2）成本和劳动效益：云计算允许企业增加或减少资源的使用，只需要企业为它们使用的资源支付费用即可。

3）安全性：对于企业而言，将数据库迁移到云平台可以避免数据泄露甚至系统关闭等威胁。如果涉及大量数据，云平台可以创建多个备份，降低系统故障造成的风险。

4）快速执行：云计算无须复杂资源和基础设施，便于高效执行创新、测试和实施等流程。任何企业都可以在实验阶段的不同平台上测试和部署不同的应用程序。

5）提供卓越的用户体验和加速业务创新：云计算平台提供的 IaaS、PaaS、SaaS 服务可以快速构建具备卓越用户体验的系统，提高全球市场响应速度和业务创新效率。

6）性能和成本：企业可采用双模 IT，将需要快速创新、支持高并发的业务部署在云端，将对安全和可控性要求高的业务部署在本地数据中心，以降低企业投入成本。

数字化转型是业务的转型，应用是数字化转型直接落地的体现，未来 80% 的应用开发及部署将基于云端。云计算是数字化转型的基石。

7.2.2　大数据

大数据技术为消费金融行业带来了大量不同领域的数据，而大数据分析能够从中提取有价值的信息，为精准评估、预测、产品和模式创新以及提高经营效率提供新手段。

1）提升决策效率：大数据分析可以帮助企业实现以事实为中心的经营模式，逐步从对静态现象的分析和预测，过渡到针对场景提供动态的决策建议，从而更精准地对市场变化做出反应。

2）强化数据资产管理能力：传统数据库成本较高，而且对非结构化数据的存储和分析能力不足。通过大数据底层平台建设，可以在部分场景替换传统数据库，并实现文字、图片、视频等更加多元化数据的存储和分析，有效提升金融行业数据资产管理能力。

3）实现精准营销服务：在互联网金融模式的冲击下，企业的运作模式面临重构，行业竞争日益激烈，基于数据的精细化运营需求和产品创新需求日益迫切。大数据可以帮助公司更好地识别客户需求，打造良好的客户体验，提升综合竞争力。

4）增强风控管理能力：大数据技术可以帮助企业将与客户有关的数据信息进行全量汇聚分析，识别可疑信息和违规操作，强化对于风险的预判和防控能力，在使用更少风控人员的条件下，实现更加高效、可靠的风控管理。

消费金融企业中，精准营销、实时风控、交易预警和反欺诈等业务场景都需要实时计算的支撑。大数据分析平台可以对企业已有客户和部分优质潜在客户进行覆盖，并对客户进行实时监控，以便构建主动、高效、智能的营销和风险管控体系。

7.2.3　人工智能

人工智能从提出到现在已经有几十年的时间，而为什么只在近些年才获得爆发式增长？这一现象绝非偶然，而是得益于云计算、物联网和大数据等技术的日趋成熟，云计算为人工智能提供了开放平台，物联网确保数据的实时分享，而大数据则为深度学习提供无限资源及算法的支持。与这些颠覆性技术的有机结合驱动了人工智能技术不断升级，为实现其由"智能感知"向"智能思考"与"智能决策"的演进打下了扎实的根基。

人工智能有助于催生新的业态和商业模式，并且已经在多个行业初露锋芒，特别是在消费金融领域。

整个金融行业和消费金融必将迎来一次具有里程碑意义的变革，特别是在线提供金融服务，其面临着多重压力，需要在复杂监管要求下实现转型。此外，消费者需求也日益增加。消费金融行业在以消费者为中心的同时还要与日益复杂的安全威胁作斗争，而且与那些以互联网企业为代表的参与者的竞争也愈演愈烈。

金融机构如何提高自身竞争力？怎样克服当前的人机协作困境，充分挖掘内部数据、外部数据、结构化数据和非结构化数据，从而充分洞察其中隐藏的机会？人工智能可以应用机器学习算法和自然语言处理技术提高数据分析水平，从而理解非结构化数据，并提高数据驱动的发现和决策能力。虽然金融机构仍可以利用传统分析方法挖掘数据价值，但提高认知能力有助于将数据分析能力提升到新的水平。

金融服务部门开始利用人工智能为客户提供更加个性化的金融建议、改善交易流程、防范金融诈骗风险、帮助客户选择更高价值的投资。同时，人工智能也为金融行业的业务模式创新与升级注入了新的活力，成功扩展了服务的物理边界，实现柜面业务线上化，最终为客户提供全渠道的高水平服务体验。

随着人工智能在语音识别、图像识别、自然语言处理等领域准确度的大幅提升，其在消费金融场景下的应用进程也开始提速，特别是在反欺诈、智能营销和催收等领域的应用场景更加丰富，并催生了新的商业模式。

7.2.4　物联网

随着传感器、RFID、GPS 等物联网技术成本的不断下降，物联网设备数量正以惊人的速度增长，全球每分钟平均产生 48 000 个物联网终端。5G 技术的推出为实现万物互联打下了坚实的基础。5G 将与人工智能、大数据、物联网等新技术深度融合，进一步深入各行各业，加快生产活动向数字化、网络化、智能化方向演进升级的步伐，激发各类应用创新，改变我们的社会。

人工智能能够为物联网数据分析提供有力的支撑，比如数据储备、数据分析、大数据的可视化与数据的准确性等。物联网是新一代信息技术的重要组成部分，也是信息化时代的重要发展方向。物联网正加速进入"跨界融合、集成创新和规模化发展"的新阶段。

物联网技术的前景是广阔的。当前，物联网技术在消费金融行业还没有比较成熟的应用，未来在客户交互、营销模式和风险识别上将会有更多的探索和创新。

7.3　数字化时代应该具备的能力

7.3.1　理解和利用数据

数据是从业务而非数据库或数据平台开始的。对于企业而言，其需要理解和利用的数据包括：企业自身的核心数据，如交易数据、用户数据等；第三方合作数据，如营销活动采集到的数据；常规渠道数据，如来自上下游合作伙伴的数据；自媒体数据。对于希望实现数字化转型的企业而言，团队中的每个人都需要理解所有的数据都是从客户、产品和服务中生成的。

理解了数据之后，我们就需要利用数据创造价值，主要体现在对内强化数据增值的能力，包括风险管控、决策支持、优化成本等方面，同时还需要关注如何充分利用分析工具，减少团队在技术上花费的时间，以便于将更多时间投入到产品、服务等能够直接产生商业价值的业务中。

7.3.2　客户服务能力

为了实现客户个性化需求的精准营销，越来越多的企业开始构建完整的会员体系，分析客户的交易历史，挖掘客户潜在需求和偏好，从而向客户提供合适的产品。例如，通过客户的历史行为分析，提供有针对性的服务；通过客户的实时行为分析，提供应变性的服务。大数据分析可以解决客户提出的不同问题并使企业具备提前服务的能力，如图 7-3 所示。

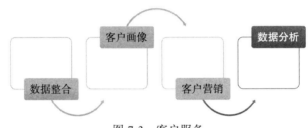

图 7-3　客户服务

1）有效识别关键客户：识别哪些新客户可能会访问产品，并判断将资源集中到哪方面才能提高客户的转化率。基于用户的行为数据可以更准确地掌握客户情况，以便有针对性地实施客户营销。

2）跟踪和分析客户：从与客户的交互中收集数据，并分析收集到的数据，了解客户想要什么，以便找到客户痛点，并集中为客户提供更好的服务。

3）提高售后服务能力：成功说服客户购买很简单，但说服客户重复购买就有些难了。客户一旦在体验中遇到问题，就会怀疑该企业的服务水平甚至能力。再加上如果服务效率比较低，客户就会感到非常失望，更别提重复购买了。通过大数据分析客户喜好的目的是为其提供优质的售后服务，进而提高客户忠诚度。

4）预测客户的需求：从过去的事件中获取数据，确定将来如何对类似问题做出反应，并提供最佳响应方式的建议。这就要洞察客户为什么会流失，譬如给予一个糟糕的审查，或执行一些负面的行动，以及回应一个负面的体验。预测需求甚至可以为某些情况创建自动响应机制，例如提供优惠券或其他补偿。

7.3.3 数字化渠道能力

无论是在线上还是线下，消费者的各类型数据都可以被采集，包括性别、年龄、收入、支付偏好、消费习惯等。采集到的数据会被进一步整合、分析、挖掘。企业能够通过对消费者的数据洞察，来提升产品、服务、运营等方面的效能。

渠道数字化的特点有两个：在线和精准。

1）在线：不仅仅是交易和广告，整个业务链条都要搬到线上。无论什么行业，产品就像《冰河世纪》里的动物，必须要跟着这个时代的大趋势向更温暖的地方迁移。但是，这种迁移不仅仅是将广告和零售搬到线上，还要将企业的全部业务都迁移到线上。这种迁移不是狭义的数字化，还需要通过机器联网、数据在线优化流程管理，让自己的供应链能够更快速地响应用户的需求。

企业在线上迁移时，还需要用一套全新的方法论。这个方法论要变成一套完整的运营体系、业务流程，甚至互联网化的支撑系统，才能够使企业真正地在互联网时代找到新的突破口。

渠道的数字化可以理解为围绕用户的数字化需求，利用数字化技术，使整个业务链变得更高效、更有弹性，让企业能够快速反应，以便更好地满足用户的个性化需求。其本质是一次产业链的重构。

2）精准：互联网时代一个非常重要的特征是数据化，不论是人还是物，在互联网上都可以通过量化的数据进行线上的表达。一旦数据化，所有的人和物都可以被精准描述。在过去，企业是不可能知道是谁在什么时间、什么地点买了我们的产品。但是一旦数据化后，企业就可以通过数据将用户场景高度精确地颗粒化，不但知道你是谁、你在哪里、在什么时间有什么需求，还能更准确地预测你的潜在需求，而不是用一个标准化的服务去满足某种被广告激发的需求。

在精准的大数据支持下，企业可以准确地判断用户的具体需求，并通过互联网满足用户的潜在需求。产品不仅可以满足用户的个性化需求，还可以满足用户的定制化需求。

7.3.4 数字化运营能力

目前，用户基本完成了线上迁移，市场进入存量竞争阶段，数字化运营就显得越来越重要。精细化运营的基础是对客户的深度洞察，只有将实时的行为数据和业务数据打通，才能真正做到客户洞察。数字化运营能力的提升主要体现在如下 4 个方面。

- ❑ 促进用户活跃。通过精细化渠道触达、活动运营，提高用户访问频率与增加用户使用时长，有效增强用户对产品的价值认同感。比如，给用户提供更有吸引力的内容会提高用户活跃度。
- ❑ 优化用户体验。通过提高产品可用性与易用性，可以改善产品感官体验与交互体验，提升独立用户与全局用户的满意度、忠诚度。
- ❑ 提升用户的价值。通过建立用户分层体系，细分用户需求，可以了解用户偏好与消费习惯，有效提高业务各环节的转化率，提升用户价值。
- ❑ 驱动产品创新。通过评估用户需求与产品价值，找到产品运营困境，驱动产品创新。

数字化运营是一种更为精准化的运营方式。通过数字化的方式，能够实现对用户有效分层，以求更高效地触达用户。

7.4 数字化衡量指标

在新环境、新开放生态、新监管政策等因素的影响下，互联网消费金融机构需要围绕数字化战略拉近与用户的距离，随时、随地地为用户提供定制化或个性化服务。

管理学大师彼得·德鲁克曾经说过："你如果无法度量它，就无法管理它。"所以，企业要想成功实现数字化转型的目标，就需要解决如何度量的问题。按照企业驾驭数字化核心要素（获取、表达、存储、传输、处理、交付）能力的不同，我们可以将企业数字化成熟度划分为不同的级别，如表 7-1 所示。

表 7-1　数字化成熟度度量模型

现状 成熟阶段	数字化战略定位	数据化核心要素					组织架构
		获取	表达	存储	传输	交付	
信息化阶段	无数字化战略问题驱动或业务驱动意识，主要解决组织内部协同问题	无数据获取意识，主要解决机器替代人工问题	数据维度单一	关系型数据为主	ETL批量数据同步	主流程自动化、定制报表	无独立数据部门，多在运维部设置DBA相关岗位
数字化成熟度一级别	数字化决策支持，通过数据支持经营者决策	关注业务环节的数据收集	数据维度逐渐丰富	面向主题的数据仓库	实时数据接口	数字化决策、数据实时在线BI报表	设置数据分析师岗位，可能存在独立的数据部门
数字化成熟度二级别	一切业务数据化、一切数据服务化	跨界数据应用、数据资产化	全领域数据融合，数据维度更加丰富	大数据平台	批流结合	基于数据的量化运营	设置独立的数据部门，设置分析师、大数据工程师、算法工程师、数据可视化工程师、数据科学家等相关职位
数字化成熟度三级别	数字化平台	实现数据与业务相互促进，数据快速增加	数据维度更加完善	基于云的数据平台	一体化数据服务体系	数据平台化、智能化、自动化	管理层设置数据管理相关职位，成立独立的数据资产运营部门
数字化成熟度四级别	数字化开放生态	通过生态场景洞察和验证用户服务需求	千人千面，基于数据自主服务	基于云和边缘计算的数据平台	低延时云边协同	数据自驱动	设置首席增长官相关职位，统一管理市场、数据、战略

7.5　数字化转型路线

7.5.1　数字化转型目标

数字化已经彻底改变了用户的行为和预期，用户在任何地方获得的最佳体验，将成为他们在其他地方对体验的最低要求。随着市场变革加速、金融模式不断创新、新兴技术快速发展，部分企业因为技术创新不足，产品创新能力缺乏，而面临着巨大挑战。因此，金融服务企业纷纷加快了金融业务创新和数字化转型的步伐。

随着数字化时代的到来，金融服务越来越丰富，金融产品从卖方市场转向买方市场，金融格局被重构。对于用户而言，金融服务只是工具，个人生活需求得到满足才是目的。商业的本质就是持续给用户提供真正想要的东西，并通过低成本、高效率的运营和正确的战略决策持续经营。这就要求企业按照"互联网平台化、数据化、智能化、自动化、开放化"的思路，以用户为中心，以金融科技和业务创新为驱动，推进产品、营销、渠道、运营、风控、决策等全面数字化转型，最终实现重新定义客户价值、业务模式创新，找到企业第二增长曲线。

7.5.2　数字化转型模式

因企业的条件、所处的数字化阶段、规模实力等不同，所采用的数字化转型模式也不同。下面将针对不同模式展开介绍。

1. 技术驱动，基于底层架构的 IT 平台升级模式

在数字化时代，新的 IT 系统更多的是基于平台即服务模式构建，这对基础设施提出了新的需求，即需要提供一个高效稳定的 IT 基础设施，为软件开发人员和维护人员提供一个自服务平台，通过软件定义即可自动化完成系统的部署和管理。如图 7-4 所示，当前大部分传统企业还处于基于虚拟机提供 CPU、内存、存储、网络服务的 IaaS（Infrastructure as a Service）阶段，一些创新企业开始通过 PaaS（Platform as a Service）和 SaaS（Software as a Service）来为软件开发和维护者赋能。

技术是为业务服务的，基于云的 IT 基础设施可以更好地支持敏捷开发金融服务，以应对快速变化的市场需求，优化交付过程，提高用户体验和生产效率，提升系统弹性，以应对线上业务的大流量。

技术驱动的转型需要注意，不要在不了解工具或设计模式的影响和限制的情况下使用。如果没有正确的设计和实践来管理基础架构，设计再好的应用程序也不可能发挥很好的作用。在技术驱动转型的过程中，人是最重要的部分，

一般互联网企业多招聘技术型人才自行运维，而部分传统企业则通过外包给专业的技术型公司进行运维。

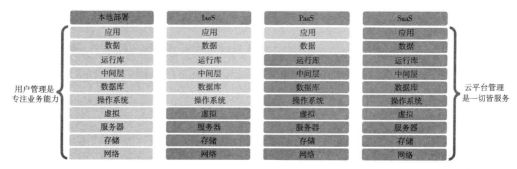

图 7-4　平台即服务模式

2. 数据驱动，数据平台建设模式

互联网消费金融产业链的各个环节都会产生大量的数据，这些数据需要平台处理，同时需要快速地将数据以服务的形式提供给生态伙伴，以实现数据资产化。通过获取各类数据，对数据进行分析和挖掘，产出结果和洞察，然后供业务决策者使用，进而打造创新产品和服务，优化管理并推动组织数字化转型。

我们需要注意，数据驱动的转型不仅仅是构建数据平台。数据平台的能力不仅仅是收集、存储、传输数据，还需要通过大数据寻找新的方法来提供数据服务，最终帮助用户和公司、产品和服务进行互动，使企业参与到产品和服务的设计中。

3. 企业架构驱动，共享平台建设模式

数字化时代需求侧的快速变化传导到供给侧。为了应对市场的竞争，部分互联网消费金融企业开始探索通过组织架构重塑，对需求进行整合，对组件共性能力抽象、沉淀、整合和共享，实现对不同需求的快速响应，并驱动业务发展和产品创新。在共享平台建成后，企业通过业务运营持续优化和反哺共享平台，形成可持续发展的闭环。

数字化转型需要提前规划，并在执行过程中解决如下问题。

❑减少企业内部阻力、加强跨组织的沟通协作以及科技与业务的深度融合。

- 实现软件资产可视化，提高架构管理能力。
- 提高软件资产复用的便利性和可管理性，建立数字化企业架构。

7.5.3 数字化转型实施计划

数字化转型不是简单的技术平台搭建，或者自动化工具的使用，更不是流程的改变或局部的组织调整，而是在整个企业层面，基于对现状的评估和对目标的清楚认识，整理实践路径，对流程、人才、技术、数据、组织、文化和制度等方面做出系统性地调整。

数字化转型实施前，我们需要回答如下几个问题。

- 当前行业的数字化程度如何？
- 用户正在发生哪些改变？企业当前在用哪些 KYC、eKYC、KYB 等相关技术？
- 当前业务模式在数字化环境中能否持续运行？最薄弱、最容易被颠覆的环节是什么？
- 针对数字化转型，是否已经采取了足够、有针对性的措施？具体效果如何？拥有哪些数字化的第一手经验或者能够主导数字化转型的人才？
- 企业需要实施哪些变革才能维持生存？业绩最佳或最成功的管理人员是否支持数字化转型。
- 是否有资源来组建既拥有数字化转型经验又具备行业洞察力的团队？
- 在哪些方面需要寻求生态合作伙伴？企业的组织壁垒是否妨碍了数字化转型的推进？
- 客户、产品、技术、数据等关键资产中，哪些在数字化时代仍然有价值？
- 企业是否已经掌握金融科技，并且正在充分挖掘数字化技术的潜力，从而成功实现数字化转型？
- 企业是否已经在鼓励内部创新？是否从根本上改善客户体验，并将用户放在数字化转型的核心位置？

数字化转型是一个需要长期坚持、迭代优化的过程，一般以业务场景为切入点，打造数字化运营的业务框架，将技术平台作为基础支撑快速扩张，以数据平台为驱动提升数字化能力，以开放平台为纽带打造新生态体系，如图 7-5 所示。

图 7-5　数字化转型

7.5.4　数字化转型需要克服的困难

然而转型谈何容易，企业在数字化转型的道路上需要克服如下困难。

1）用战术上的勤奋掩盖战略上的懒惰。Sendhil Mullainathan 在《稀缺》这本书中提到：如果把一个人同时处理多件事情的能力，称作一个人的"带宽资源"，那么大部分人的"带宽资源"是非常紧缺的，企业也是如此。所以，带宽资源紧缺就很容易让部分信息技术落后。核心人才积累不足的企业缺乏洞察力和前瞻性，进而影响自身的执行力。这些自底向上的内因导致企业转型落地困难，容易出现不清楚自己当下所处的困境，或者判断对了困境、但关心错了用户问题。

2）找不到合适的切入点，与各干系人不能达成共识，导致企业数字化转型长期停留在计划层面，难以落地。

数字化转型旅途充满了艰辛和挑战，甚至可能存在不小的争议。但任何执行数字化转型战略的企业都可能成为市场的领导者，而早期的转型者已经从中获利。

第 8 章 | CHAPTER

头部平台给我们的启示

在经历了前几年爆发式增长后，消费金融正在逐步回归理性，规模发展瓶颈渐显，部分规模较大的机构资产扩张速度放缓。整个消费金融行业出现了融资渠道缺乏、获客成本高、部分场景内资产质量下降、消费场景饱和等问题。不过在前几年的发展过程中，持牌消费金融公司和非持牌金融科技公司中都涌现出了数家头部公司。这些头部公司无论从运营能力、风控能力和盈利能力看，还是从客户数量、资产规模、资产质量看，在行业中占据了重要的地位。

8.1 头部平台具体情况

目前，持牌消费金融公司凭借其低成本且丰富的资金来源以及良好的风控能力在行业内具备明显优势，但两极分化趋势不断加剧。如图 8-1 所示，头部 3 家消费金融公司 2017 年到 2018 年的净利润增加较明显。24 家持牌消费金融公司综合实力差距比较大，并且随着 2020 年光大消金和小米消金等新开业持牌消金公司的加入，持牌消金系的竞争会更激烈，背景实力、年度业绩、融资规模、融资成本、风控实力、科技投入、合规情况等方面的差距也会逐年加大。

机构	2018 年净利润（亿元）	2017 年净利润（亿元）	同比变动
捷信消费金融	13.96	10.22	37%
马上消费金融	8.01	5.78	39%
招联消费金融	12.53	11.89	5%

图 8-1　头部 3 家消金公司净利润情况

2019 年，非持牌消费金融平台整体业务经营都不太好。相对来说，360 金融、趣店、乐信和拍拍贷这 4 家头部平台掌握了核心的资源，发展得比较稳健。

这 4 家平台的利润对比如图 8-2 所示。各家平台的营业收入中，贡献最大的都是贷款服务费，一般都是助贷业务带来的收入。近两年，各家平台也都在由助贷业务转型为导流业务，如趣店主推的开放平台业务收入在 2019 年第三季度已经达到 9.93 亿元，占总收入的 38%。

机构	2016 年净利润（亿元）	2017 年净利润（亿元）	2018 年净利润（亿元）
360 金融	−0.2	1.64	11.93
趣店	5.76	21.64	24.91
拍拍贷	5.01	10.82	24.69
乐信	−1.17	2.4	19.77

图 8-2　4 家头部平台利润对比

我们从持牌和非持牌消费金融平台的利润对比中可以看出，非持牌消费金融平台的盈利能力明显要比持牌消费金融平台强。这些平台中盈利能力最强的业务是现金贷和导流。平台持续获得利润最重要的原因在于自己在流量、资金和风控等方面具备核心竞争力。

8.2　聚焦核心能力

在流量和资金成本越来越高的情况下，企业聚焦在流量、资金和风控能力上，才可以在行业竞争中占据优势。

8.2.1　获客和运营能力

流量价格越来越高是不可避免的趋势，无论企业的运营能力和投放效率如何优化，带来的转化效果始终是有限的，此时企业不仅要提高获客能力、降低获客成本，还需要提高对于不同客群的风险定价能力、注册用户的转化率、流量输出能力。

1）获客成本：当前市场环境下，好的流量作为稀缺资源，早已经被互联网巨头垄断。消费金融平台想要获得流量，要么以高成本来购买高质量客户，要么以低成本从一般的客群中选择客户并且承担高风险。

目前，行业里用户的平均注册成本是 20 元左右，这个价格还会随着流量市场上下波动。同时，客户来源渠道也决定了客户的质量、转化情况、逾期情况和用户在整个生命周期的价值。

2）转化率：营收 = 客户注册规模 × 转化率 × 单客交易金额，在消费金融行业，转化率和单客交易金额主要取决于产品体验和平台的风控能力。产品体验越好，用户转化率和提现率越高。平台风控能力不断提升后，平台审批的客群从优质向次优级用户拓展。批核率提高，表现为转化率快速提升，次级用户的贷款定价能力提高，同时单客利息收入提升。随着客户单次借款额度提升，单客利息收入增加，同时用户提现率明显提高。

3）复贷率：过多的获客成本给各家消费金融平台带来了巨大的运营成本压力。大多数平台采用提高复贷率的方式来降低获客成本。简单来说，只花一次获客费用，尽量延长用户的生命周期，并使用户在整个生命周期多借几次款。

4）流量输出能力：在合规的基础上对用户做二次分发、转接，是平台盈利的方式之一。

8.2.2 资金能力

低成本、多渠道的资金来源是消费金融公司重要的竞争力。持牌消费金融机构的资金来源多元化，特别是头部平台基本实现全渠道获取资金——从主要依靠股东增资、向金融机构借款，到通过银行间同业拆借、资产证券化、金融债券和银团贷款等方式获得更多的资金。这样做一方面是满足业务规模扩张需要，另一方面是监管要求使然，如图 8-3 所示。联合贷款是持牌机构在不增加资本金的情况下扩大资产规模的方式，也是目前一些头部消金公司和互联网银行的合作模式。

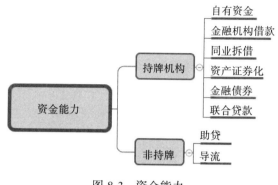

图 8-3　资金能力

头部持牌消费金融平台和捷信、招联等小贷公司均已通过资产证券化和金融债券获取低成本资金。

在发展自己的消费金融业务前期，各家非持牌平台主要依赖与金融机构合作开展助贷业务。随着业务规模的扩大和业务质量的稳定，各家平台逐步开始转型为导流业务。趣店大力推进与金融机构的开放平台合作，360 金融、乐信主推与金融机构的分润模式，拍拍贷目前还在转型过程中，没有花资源推进自己的导流业务。非持牌平台愿意让出一部分利润发展自己的导流业务，主要还是为了把风险放在金融机构体系内，真正转型为金融科技公司。

8.2.3　风控能力

消费金融公司产品的同质化导致了用户结构趋于同质化。整体来看，各家公司产品设计、业务模式和消费场景高度相似，而新增客群有限，导致大家争抢的是同一批客群。随之而来的就是客户的重复授信和多头借贷。

随着大数据风控和反欺诈技术在内的新兴技术不断发展，征信体系日益完善，弥补了下沉群体征信的空白。风控能力主要考查如下几方面。

1）授信批核率：批核率是从获客到交易流程中最重要的指标之一。批核率过低会造成获客成本过高，大量用户无法变现。批核率过高会导致放款后逾期率过高，增加资产的风险成本。根据各渠道情况，大部分平台的平均批核率为 10%～20%。

2）逾期和不良水平：消费金融产品最主要的 4 部分成本为获客成本、运营成本、资金成本和风险成本，前 3 部分成本基本是固定的，风险成本是资产不良造成的，变动可能较大。

在前几年行业高速发展中，很多平台没有重视建设自己的风控能力，使用高利率应对风险。目前，产品利率都回落到 IRR 36% 内，高利率覆盖高风险的模式显然走不通了。随着产品利率的下调，风险成本需要风控体系进行控制。不同的客群对应不同的风险定价。根据不同的风险定价，企业可以控制预测范围内的风险成本，这才是头部平台最重要的核心竞争力。

3）授信成本：授信成本就是用户审批过程中的征信成本，即审批征信费用／授信通过人数。单用户审批成本基本是固定的。在筛选用户过程中，除了尽量控制征信成本外，最重要的就是提高批核率。

授信成本和最终的放款成本均与授信批核率高度相关，通过调控授信成本来改善风控策略是扩大平台的盈利空间和提升核心竞争力比较重要的方式。

无论面对的是行业竞争还是强监管周期，风控能力都是平台最核心的能力，也是平台生存的关键。风控能力会导致行业继续分化，头部平台持续享受马太效应红利。

8.3　头部平台形成的可能原因

消费金融行业起步较早，但真正进入快速发展期也就这三四年的时间。短时间内涌现出如此多的头部平台，原因是什么？可能是股东的资源，也可能是这个时代赋予的机会，还可能是核心能力形成的壁垒。

8.3.1　时代的红利

时代背景给了消费金融行业发展两个重要的推动力。其一是市场存在巨量客群，这些客群有着对消费金融服务的渴求；其二是金融科技的创新和成熟，打造出基于互联网的消费金融服务。

行业客群增量空间大主要是因为有大量的有效客户未被已有金融体系所服务，且这些有效客户数量过亿。按照信用风险等级划分，这批客群分为最优、优质、次优、次级和深度次级 5 个群体。从单客利润、金融渗透率、风险水平等维度来看，优质和次优客群是整个行业价值最高的两类客群。前几年消费金融高速发展时，这些头部平台依靠自有资源和市场投放获得大量优质客群。大量的优质客户留存使这些头部平台底气十足。

金融科技创新是这个时代的另一个红利。将技术以及数据作为核心竞争力，打造新型业务模式、业务流程，改变了互联网消费金融的发展格局，实现了更高效的金融服务。云计算、大数据、人工智能等领域的技术革新，不仅促进了传统金融业的发展，同时催生出新型的互联网金融业态。人工智能以及机器学习有助于信用欺诈问题的解决，互联网消费金融借助于大数据分析来研究客群，降低了运营成本，以更低廉的成本得到了优质客户。消费金融平台依靠大数据可以了解用户具体行为，对用户的行为、偏好、习惯进行刻画，对用户的信用风险和欺诈风险通过模型进行分析，建立反欺诈、信用风险评估、智能风控引擎、外部数据整合、风控体系整体管理，实现贷前审批、账户管理、用户实时跟踪的全生命周期管理，有效地控制和降低风险成本。

8.3.2 掌握的核心能力

目前，从各家持牌消费经营业务来看，借助于股东方开展场景的公司较少。股东方对于各家消费金融公司来说更多是资金端的支持。只有海尔、苏宁、招联依托股东方拓宽了部分消费金融场景端的业务。

头部平台形成需具备的几个核心能力如下：极致的客户体验、经过验证的风控能力和低成本获取资金的能力。

1. 极致的客户体验

消费金融公司基于场景提供线上业务体验的服务设计要以客户为中心，不断优化贷款业务流程。在客户眼里，线上贷款就是申请时（业务流程）流程简单，借款时有合适的额度和期限，想还款时也可以便捷还款、提前结清（业务功能），即功能要简单便利、流程更快捷、服务细致（客服流程）。

线上客户会有逆向选择，越是优质的客户越忍受不了糟糕的客户体验。客户体验优化也不是依靠产品部门就可以完成的，需要整个公司包括风险、技术、市场和合规等多部门的配合，需要公司整体达到较高业务水平。这就是头部平台可以吸引和留存优质客户的原因。

消费金融行业经过高速发展后，已经逐渐进入行业成熟期。目前，行业场景和产品大的创新已经不太多，更多的是基于业务流程和产品进行微创新。各家平台利用创新竞争的空间已经不大，长期来看，基于产品的客户体验来吸引和留存客户是核心的竞争力。

2. 经过验证的风控能力

持牌金融机构主要提供无抵押、无担保的小额消费贷款，由于征信体系和客户催收手段有限，未经风险周期验证的风控审批容易出现大面积客户违约、大规模的不良资产。特别是对于持牌消费金融公司、城商行和区域性银行，其初期的主营信贷型业务以助贷为主，风险管理尚处积累阶段。这些机构的风控能力可按照业务类型和风险定价进行分层，如图 8-4 所示。

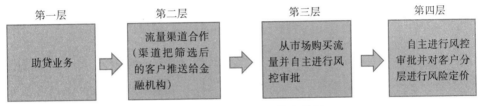

图 8-4　持牌机构风控能力分层

- 风控能力第一层：消费金融机构对于风控能力的积累还在初始阶段，需要合作平台完成第一道风控审批，然后消费金融机构通过查询人行和第三方数据完成最终风控审批。消费金融机构主要开展助贷和联合贷款业务。

- 风控能力第二层：消费金融机构和流量平台合作，BATJ 等流量平台根据用户交易数据把用户进行分层，对用户进行筛选，去掉欺诈用户和质量较差的用户，将相对优质的用户推送给合作机构。

- 风控能力第三层：消费金融机构通过自然流量、转化、贷超、ASO、信息流投放等方式从市场上购买自有客户，并利用自有风控能力保障一定的通过率、合适的征信成本、客户满意的额度和期限，控制不良水平和风险成本。目前，很少有持牌金融公司可以从市场采量并且独立完成风险控制。

- 风控能力第四层：在自主风控能力的基础上，消费金融机构可以对客户进行风险定价，开展低风险定价业务，提供 IRR 18%、IRR 24%、IRR 36% 以内的产品。想要成为行业头部平台必须具备此风控能力。

非持牌消费金融机构都是通过场景和市场购买流量来开展业务的，但在开展业务过程中有一个重要区别是产品定价。在前几年行业高速发展的过程中，一些非持牌机构并没有太重视风控能力的建设和投入，短期内可以通过高利润来覆盖高风险，但随着监管对利率管控越来越严格，目前的红线是产品的所有收费不能超过 IRR 36%。非持牌消费金融机构的风控能力分层如图 8-5 所示。

图 8-5　非持牌机构风控能力分层

□ 风控能力第一层：一些非持牌消费金融机构的风控能力只能提供 IRR 36% 产品，因为其获客成本、风险成本和资金成本相对比较高，提供 IRR 36% 以下的产品必然导致其不盈利甚至亏损。而对于头部平台仅仅影响其部分利润。

□ 风控能力第二层：可以正常提供 IRR 36% 产品，产品的征信成本和不良率都控制在合理范围内。

□ 风控能力第三层：有能力提供 IRR 24% 产品，可以通过下调定价促活一些沉睡优质客户，这需要有较强的运营和风控能力。

贷款产品降息是大趋势，消费金融的游戏规则已经发生变化。通过高收益覆盖高坏账率的盈利模式，在如今的政策环境下已逐渐失效。利差收窄会令所有的消费金融平台的风险容忍度降低，这意味着市场对平台的风控能力要求更高了。

3. 低成本获取资金的能力

持牌金融机构可通过同业、ABS、发债和银团贷款获取资金，但发行金融债门槛较高，ABS 的操作门槛也比较高，只有银团贷款近期还比较火。

头部非持牌金融机构基本通过与金融机构合作来开展业务，主要以助贷和导流等业务模式来合作，如 360 金融、趣店等平台停止助贷业务合作，全部转型为导流业务合作。这种合作模式的风险由金融机构来承担，但门槛较高，需要平台的资产和客群有长期良好的表现。双方合作模式由非持牌金融机构主导，产品定价和大部分话语权由非持牌金融机构把握。

无论是持牌还是非持牌头部消费金融机构，资金方面首先要保证有一定规模的、持续的资金来源，还需要保证资金获取成本越来越低。

8.3.3　强监管和牌照

消费金融是强监管行业，政策对其行业经营和创新的影响越来越大。从2017 年下半年开始，在去杠杆的宏观目标下，消费金融行业监管趋严，这对于持牌消费金融机构影响有限，但对于创新型的非持牌消费金融平台负面影响比较大。特别是对于无场景信托、无指定用途、无客群体限定、无抵押等特征的现金贷业务，监管和执法部门开始排查和整治过度借贷、重复授信、不当催收、畸高利率、侵犯个人数据等。

在新监管形势下，大量非持牌明星平台纷纷转型或者倒闭，剩下的非持牌金融机构，特别是头部非持牌金融机构，多持有互联网小贷和融资性担保公司牌照，或参股区域性商业银行或者持牌消费金融公司。这些平台不断规范、稳健发展，使得消费金融在红利期后，合规发展的脉络逐渐清晰。

头部消费金融平台除了持牌消费金融公司和消费金融科技公司外，还有BATJ 等麾下的金融公司，它们携带着流量红利进入消费金融领域。蚂蚁金服、京东金融、滴滴金融等与金融机构合作发放了大量的消费贷款，已成功地实现自有流量通过消费金融变现，成为隐形的头部消费平台。

未来机遇与挑战无处不在

伴随着政策对消费金融领域的规范，消费金融公司业绩增长逐步回归理性，盈利情况正向两端分化。这并不意味着消费金融行业的红利减少。从行业整体发展空间来看，我国消费金融行业仍会有三到五年的高速成长期。

消费金融行业目前面临监管趋严、资产下沉、多头共债和利率严格限制等问题，这会让一些持牌和非持牌互联网消费金融平台很难甚至无法覆盖成本，最终被挤出市场。近年来，整治催收和高利贷等使既有的创新模式受到较大影响，原本高速奔跑的状态突然来了个急刹车。不确定的未来可能是一些平台特别是非持牌金融科技公司面临的困境。

9.1 监管现状

从 2017 年年底开始，消费金融行业迎来了前所未有的监管，涉及整个生态圈。从源头的数据获取、资金来源，到资产质量、行业利润，再到催收方式等，消费金融产业链的每个环节都接受了严查与纠错。互联网消费金融在创新的背后，亦存在着重重困难，对此，需要加强与完善监管，促进行业健康和合规发展。

9.1.1　消费金融市场环境逐步完善

互联网消费金融是数字化时代一个重要的创新，但创新发展的背后也蕴藏着未知的风险与问题。如过度借贷导致居民杠杆率不断升高，重复授信导致行业共债风险爆发，不当催收导致消费者权益受损，消费金融畸高利率加重了消费者的债务压力，侵犯个人隐私，这些问题都严重损害了消费者权益，并可能引发较大的金融风险和社会风险。

消费金融行业高速发展的过程中，很多产品运营模式游走在政策边缘，特别是在利率上限、催收、资金来源、放贷资质和数据保护等方面。消费金融平台存在为一个客户提供不同性质金融服务的现象，业务交叉的合规要求需要多个部门来明确监管和执法，如图 9-1 所示。

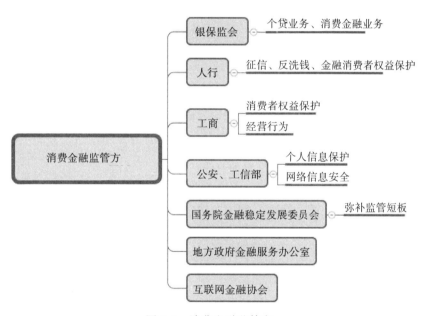

图 9-1　消费金融监管方

消费金融平台需要遵守中国人民银行、银保监会、工商、公安、工信部等多个部门的合规要求。无论是持牌机构还是非持牌机构，未来面临的监管都会不断收紧，合规成本将会增加，这可能会导致平台运营成本不断增加。

各监管和执法部门可以对出现暴露数据隐私、暴力催收和高利率等问题的公司进行责罚和整改。从资金端来看，大部分平台放款基本回归持牌金融机构资产负债表。从资产端来看，消费金融机构在要退出的高风险客群和某些垂直领域，如高利率现金贷、校园贷、租金贷等产品上大幅减少投入。未来，监管政策对消费金融的影响仍将体现在产品端和资金端两个方面。

1）产品端。未来最大的不确定性在于利率，即监管红线 IRR 36% 的计算口径。若严格按照 IRR 36% 口径计算，以次优级及以下客群为主的公司将可能由于利率无法覆盖坏账而退出市场竞争。

2）资金端。持牌金融机构扩张业务的主要限制在于资本充足率。对于非持牌消费金融平台，助贷和导流两种模式是主要的资金来源。政策对这两种模式限制逐渐加大，很多平台会受到负面影响。

长期来看，监管合规整体政策趋严，想要保证产品持续创新并降低不良贷款余额增长，需重点关注资金合规和资产质量。

9.1.2　数据隐私

在互联网消费金融中，贷款业务主要通过互联网进行交易，大量的实质性交易处理全部隐藏至后台，客户往往只能面对极简化的操作流程和标准化的业务描述，缺少进一步风险质询和疑问解答途径。由于金融知识和识别能力参差不齐，多数客户缺乏衡量风险和自我维权意识。在这种情况下，金融消费者因信息不对称所导致的弱势地位会愈发明显。

此外，为获取消费金融服务，客户通常在申请环节需要提供个人身份信息、交易记录、信用资料等。目前，我国在消费者隐私保护方面还存在政策监管缺失，部分不良机构在采集消费者个人信息的同时，向其他机构出售信息牟利，损害消费者利益。各家消费金融平台对数据的利用已贯通消费金融服务全环节，但敏感数据应用主要集中于风控环节。

互联网世界布满了数据触角。你的起床时间、通勤轨迹、习惯偏好、收货地址等信息，都被无形的大数据库观察、追踪、记录、分析、共享。很多第三方数据供应商通过各种非法手段，从各种渠道肆无忌惮地爬取用户隐私数据，并将其提供给现金贷或其他消费金融平台用于贷前审核。

2019 年 1 月 25 日，在网信办等机构牵头下，由全国信息安全标准化技术委员会、中国消费者协会、中国互联网协会、中国网络空间安全协会联合成立了 App 专项治理工作组。

2019 年 7 月 11 日，App 专项治理工作组对大量违规、违法收集用户隐私数据的 App 做出了通报批评。

2019 年 9 月以来，一些第三方数据供应商也因为过度使用用户数据受到了监管问询，或主动停止业务。

特别是从 2019 年下半年开始，多家知名大数据供应商接连遭到查封，与大数据供应商合作的机构也受到牵连。部分消费金融公司因合作的大数据服务商被查，风控审批和信贷业务都受到了影响。

接下来介绍一下各家消费金融公司在数据方面应注意的事项。

❏ 对接升级合规优质数据源，规避数据风险，夯实数据质量。

❏ 强化多头借贷模型，降低容忍度，拒绝多头借贷群体。

❏ 重视贷后管理和实时风控，评估借款人现金流压力，调整信贷策略。

❏ 降低风险偏好，以低利率吸引优质客群。

9.1.3　高利率和暴力催收

消费金融产品特别是现金贷产品被用户投诉较多的是高利率、砍头息、多头债务、暴力催收等问题。目前，监管平台明确合规的利率上限是 36%，不允许任何砍头息和其他额外收费。行业中不同平台对此理解不一致，一是对于 IRR 的理解，二是小额短期的利率换算成年化利率是否合理，三是用户小额、短期、持续不断的借钱需求是否说明此利息水平的产品是其刚需。

小额、短期的产品利率特别高。从平台方角度来看，利率必须覆盖资金成本、获客成本和最终所承担的逾期风险成本，且这批客群很多未被商业银行服务和人行征信所覆盖，其信用未知带来了较大的风险，因此该类产品利率高。从客户角度来看，只有借贷成本低于该笔资金给个人创造的经济价值，或者高于购买的服务的隐形收益，才是有益的。如果借贷成本高于客户的贷款资金带来的收益，那么不论是还款能力还是还款意愿都会导致客户逾期。高额的逾期手续费和罚息都会让用户负债加重。这批客群绝大多数是青年和冲动性消费人群，并不会对自己的收入负债比做比较均衡的测算。特别是遇到特殊事件如失业、突发医疗疾病等情况时，客户便会加大借款额度或开始多头借贷。但是客户收入远远跟不上负债，导致借新还旧不可避免。

监管部门针对消费金融行业出台了一系列政策，不论持牌还是非持牌平台都在积极调整、转型和谋求新的发展方向，但仍有若干问题值得我们来探讨。监管部门对行业提出了很多底线要求，包括一些执行的细节和统一的监管标准。在接下来持续发展的金融科技创新浪潮下，消费金融机构只有平衡好监管与创新，才能走进业务稳步发展的通道。

9.2 客群和资产

9.2.1 资产下沉

消费金融发展的这几年，用户群体从优质用户转向了下沉用户。现阶段，行业用户呈年轻化趋势，以男性中低收入群体为主。各家消费金融平台的产品同质化，导致用户结构趋于同质化。因此，消费金融的用户增长放缓是必然，但用户市场不会完全被覆盖，各家消费金融平台提供服务的门槛会不断降低，将服务不断下沉到更多传统金融服务难以覆盖的人群。

消费金融公司的客群容易受到经济下行的冲击。无论是存量用户的动态风险管理，还是新增用户风险管理，都面临着很大的挑战。特别是银行在一线城市的渗透率较高，商业银行开始覆盖下沉客户后，其他持牌或非持牌消费金融平台也跟着下沉，然而越下沉客户的不良率就越高，获客成本和资金成本也就相应提高，对应的风险也就更高。因为客户越是下沉，征信数据就越缺乏，个人征信体系建设尚不完善，征信人群覆盖有限，风险管控难度加大。平台方对小额借贷用户失信的惩戒力度不够，个人违约成本较低，也进一步加大了放款方面临的欺诈风险。

消费金融行业客户下沉确实为长尾用户提供了借贷服务的便利，但用户的下沉与风险管理不匹配问题重重。特别是目前消费信贷产品多头借贷风气盛行，大量下沉用户的借贷信息并没有纳入人行征信体系，使得各家平台很难规避骗贷和多头借贷问题。

消费金融在 2019 年整体变化比较明显，行业的马太效应正不断增强，不论是市场的资金流向还是各渠道的客群流量，都在进一步向头部机构聚拢。最直接带来的影响是，中小平台不得不进行客户和资产下沉。消费金融市场的资产形态也将更趋向于呈金字塔形分布。如果把资产分为 A、B、C 三个等级，那么BATJ 等互联网巨头以及头部机构一般会把 A 类资产留给自己，再将 B、C 类资产匹配给不同的合作机构。但随着想要在消金领域分得一杯羹的机构数量增多，行业红利加速透支，余额规模、客群扩大的同时一定会带来资产下沉。

9.2.2 多头共债

随着消费金融行业的兴起，消金产品特别是无场景的现金贷产品中的多头借贷现象十分严重。多头借贷，是指单个借款人向两家或者两家以上的消费金融平台提出借贷需求的行为。由于单个用户的偿还能力是有限的，向多方借贷必然隐含着较高的风险。

据不完全统计，1000 万用户中，约有 200 万用户存在多头借贷的情况，其中有 50 万人在一个月内连续向 10 家以上平台借款。有数据显示，多头借贷用户的信贷逾期风险是普通客户的 3 ~ 4 倍，贷款申请者每多申请一家机构，违约的概率就会上升 20%。究其原因，这些用户往往是在借新贷还旧贷，或者增加了新的较大金额消费，本金加利息导致债务不断累积。当金额超出偿还能力时，只能选择逾期。

由于小额、短期消费金融产品的借贷金额较小，周期也比较短，实际还款利息在用户看来会比较少，因此冲动性消费用户可能在短期内频繁借贷。随着时间的延长，借贷本息会越来越高，借款随着用户资质的变化极易变成不良资产。

多头共债用户的产生，往往源于超出其收入能力的额外的日常消费需求，如图 9-2 所示。而套利用户的产生，主要因为原本用于消费的资金挪作投资或买房等经营行为，这使得整个借贷风险链条变得非常脆弱。

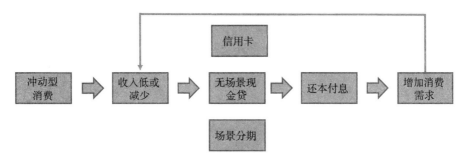

图 9-2　多头共债用户产生示意图

多头共债是否会导致行业的债务危机，需要通过数据判断借款群体的负债收入比。目前，消费金融市场处于分治状态，银行、消费金融公司、小贷公司、信托、融资租赁、保理和无牌照放贷机构之间的数据并不共享，缺乏对消费金融借款人覆盖足够广的数据平台。

在未来的发展过程中，从表面来看用户的多头共债似乎在一定程度上导致各家平台缺流量，但其实各家平台真正缺少的是优质流量，即能形成优质资产的流量、可低成本获取的资产。但因为 BATJ 系机构对流量的垄断，优质流量的获取变得越来越难。流量越来越稀缺，对于不同的平台来说，完全规避多头共债不太现实，大家对共债现象的容忍度并不一样。对于多头共债现象，平台不仅要预测风险，还要预测用户需求变化，良性共债用户才是互联网消费金融机构所争夺的客群。

9.2.3 利率指导

2019 年 10 月 21 日，最高人民法院、最高人民检察院、公安部、司法部印发《关于办理非法放贷刑事案件若干问题的意见》的通知，IRR 36% 的利率红线让行业形势变得越来越紧张。这是一道不可逾越的法律边界，一旦过界则涉嫌非法经营。

风控能力是所有平台展示自己实力的资本，但是各家平台实际风控能力区别很大。我们可以看到真正能实现获取优质客群、产品低定价的平台少之又少，大部分消费金融平台还是采用较高定价来覆盖高风险，利率下调至 IRR 36% 甚至 IRR 24% 以内是绝大部分消费金融平台不能承受的，因为它们马上面临的是经营利润严重下滑或亏损。消费金融产品定价分层如图 9-3 所示。

1. IRR 24%

如果所有消费金融产品定价一刀切到 IRR 24%，只有商业银行才能确保盈利。其他持牌金融机构的资金成本基本在 5% ~ 8%，获取的客群也是次级客群，因此通常也只是把少量头部客群的定价放在 IRR 24% 以内。

2019 年年底，部分消费金融公司已经根据地方监管的指导，将其贷款产品定价调整在 IRR 24% 以内。其他消费金融公司在助贷和导流渠道准入上，要求合作方产品定价不超过 IRR 24%。

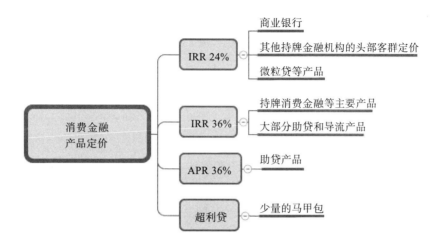

图 9-3　消费金融产品定价分层

产品定价 IRR 24% 基本是持牌机构的业务范围。从持牌消费金融公司的角度来看，资金成本、坏账、运营成本等综合成本很高，一旦让所有产品执行 IRR 24% 的定价，经营利润会受到较大影响。

2. IRR 36%

受政策影响较大的通常是网贷平台、助贷机构和小贷公司，大部分助贷机构将利息调整到 IRR 36% 以后，基本没有净利润，甚至会亏损。

追根溯源主要是受到获客成本、资金成本和坏账的影响。大部分助贷机构经营的是更次级、下沉客群，从银行、持牌消金处拿取资金的成本，再加上一系列综合成本，总资金成本为 10% ～ 13%，如果加上坏账等成本，若以 IRR 36% 对外放款，那么很多机构根本无法盈利。

IRR 36% 的利率红线让行业形势变得越来越紧张，但这是一道不可逾越的法律边界，无论是放贷平台本身，还是提供上下游服务的企业，都没有例外。从持牌机构的内部来看，利率方面一刀切，意味着平台必须在短时间内舍弃部分高风险、高利润的客群和业务，否则会面临巨大的风险。

3. APR 36%

助贷平台等一直运营 APR 36% 的客群，这批客群风险表现也基本稳定。如果忽然把产品定价从 APR 36% 调到 IRR 36%，虽然产品定价下调了，但包括风险成本等其他综合成本短期并没有下调，这必然严重影响平台的利润率。况且 APR 36% 的客群获客、风控能力和 IRR 36% 存在较大差异，平台内部的调整需要时间和资源投入，这就是部分平台没有完全砍断 APR 36% 产品定价的原因。

APR 36% 的高定价、砍头息，这些其实一直没有远离现金贷行业。助贷机构需抓紧调整，并和监管部门以及资金方协作规范市场。

4. 超利贷

如果说 APR 36% 的产品只是打擦边球，那么运营超短期、畸高利息的 "714 高炮" 产品就涉及犯罪，也是监管和执法部门直接打击的对象。经过两年的持续监管，市场上的非法现金贷平台已越来越少。

9.2.4　红海还是蓝海

消费金融行业从 2015 年开始兴起，当时的市场无疑是一片蓝海。转眼几年过去了，各路玩家进进出出，整个行业在高速发展后面临转折和调整。过去的蓝海时代是否一去不复返？

（1）整体行业

若从大经济周期的角度来看，消费金融行业只是刚刚起步，短暂的高速发展还未经历完整的经济周期，远没有进入红海。从个人短期消费贷款余额占 GDP 的比重也可以看出这一点。前海产业研究院数据显示，2018 年我国个人短期消费贷款余额达 8.8 万亿元，占 GDP 比重为 9.77%，而这一数据在美国约为 20%，相比之下国内消费金融市场仍有较大的发展空间。

（2）持牌机构

消费金融市场渐成红海之势，持牌金融机构展业瓶颈初显。在消费金融市场竞争加剧环境下，获客能力成为衡量持牌机构能力的重要指标之一。持牌消费金融机构一面积极宣布与资产方、助贷平台对接的消息，一面低调地在实体店试水分期及上线头部互联网服务商家 App 贷款超市，这背后折射出其对寻找对接优质资产端的焦虑。

（3）非持牌平台

非持牌平台不能直接参与放贷业务，消费金融业务必须持牌经营、纳入监管，否则会涉嫌非法经营，非法从事放贷型业务。

目前，对于非持牌平台来说，蓝海市场早已不存在。由于市场投放的是大量下沉客群，监管对利息管控必须在 IRR 36% 内，因此非持牌平台方很难再以放款利率收入来覆盖高风险，且从金融机构获得的资金成本较高，这导致大部分非持牌平台需要在严苛的环境下优化自己的客群、降低运营成本和提高自己的风控能力，以便在接下来的红海竞争中生存下来。

（4）无场景现金类产品

监管政策对于现金类产品的管控较多，对获客、定价、风控和催收等方面进行大力度的排查和执法。数轮整顿给这类产品戴上了"紧箍咒"。

另外，现金类资产也面临优质资产稀缺的问题，中小平台和扩大资产规模的平台将不得不选择更下沉的流量资产，这对各家平台的风控能力提出了更高层次的要求。

（5）场景类产品

场景类产品一直是监管部门鼓励创新的，不过在消费金融发展的这几年，创新环境始终不理想，包括教育、医美、租房等场景分期的欺诈问题不断。场景分期在风险层面始终存在场景方与客户联合欺诈的风险，所有的平台方对场景类资产保持敬畏之心，绝大多数平台并没有自有场景，特别是对于参与线下场景没有什么优势，且对日常场景端的管理和风险评估很有限，对于实际风险和放款后资金用途很难进行管控。因此，大多数平台只能与场景方合作来开展业务，但对于场景类分期创新板块还是望而生畏。

9.3　行业分化

消费金融市场贷款规模依旧保持快速增长，截至 2019 年消费贷款规模超过 13 万亿元。消费金融业务模式日渐成熟，场景方、资金方、技术方更加开放，多方协作局面逐渐形成，消费金融的竞争已经进化为生态圈和开放平台的竞争。头部消费金融机构纷纷打造消费金融对外开放平台。在强监管的时代，消费金融行业扶优限劣，清理洗牌，迎来合规经营的新起点。

9.3.1　细分场景拓展

从监管角度来看，监管部门一方面要严厉打击高利贷、超利贷产品，控制无场景信托的现金贷；另一方面对于可追溯资金用途、能直接推动消费贷款产品，依旧持鼓励态度。

目前，场景消费金融机构众多，行业竞争激烈，发展不平衡。以蚂蚁金服、京东金融这些互联网巨头为代表的线上消费场景，依托自建的平台流量优势来发展场景消费金融。以苏宁消费金融、国美金融等公司为代表的线下消费场景，依托线下门店进行场景化消费金融的布局。还有一些非持牌和持牌消费平台，因自身条件限制，只能通过与场景方合作进行消费场景的获客。

场景化消费金融行业壁垒存在的根本原因在于用户黏性以及管理是否形成闭环。大部分消费金融平台没有自建的场景，也不具备自建场景的能力。与场景端合作的关键在于是否能经营客户的全生命周期价值，这需要我们在场景创新合作上有一套基本的流程，能够在客户运营管理上形成闭环。

消费金融平台对于消费场景的开拓创新在于不同场景之间进行叠加和跨界，线上与线下资源相结合，积极把握好金融科技和场景化的深度结合的机会，使产品创新向流量、服务和场景渗透。

9.3.2　商业银行转型

商业银行不断加快零售转型步伐，多数银行从信用卡、一般性消费信贷等领域发力，充分挖掘当前市场环境下的客户需求，提升业务收入，增强客户黏性，并借助金融科技手段全面进行数字化转型和生态圈打造。

商业银行在借助金融科技进行数字化转型和生态圈打造时，除了快速发展和扩张信用卡业务外，还需在如下几个领域推进整体消费金融业务。

（1）筹建消费金融公司

当前已有招商银行、北京银行等10余家银行控股或参股成立消费金融公司，在持牌消费金融公司里占有绝对优势。银行成立消费金融公司主要出于以下考虑：一是借助消费金融子公司实现差异化经营，通过拓展蓝领、城镇低收入等传统信贷业务难以覆盖的长尾客群，进一步在细分领域开发消费新场景并嵌入金融服务；二是加深股东合作以实现资源互补，进而获取场景、客群、风控等核心竞争力。

（2）汽车消费金融

作为规模最大的场景金融领域，汽车金融成为各方抢占的新风口，商业银行正逐渐从传统汽车信贷业务向上下游产业链金融服务延伸。商业银行正积极与金融科技公司合作，发展自己的新车、二手车资产。

（3）助贷业务

通过助贷模式参与消费金融业务的通常是中小银行。中小银行由于受到地域、网点、场景和人力的限制，零售客户量很难增长，故转向助贷模式，通过与互联网金融科技公司等机构合作来拓展业务。

（4）消费金融产品

各家商业银行除了助贷业务以外，还在积极推出自己的消费金融产品，如平安银行的新一贷消费信贷产品。光大银行推出了包括白领易贷、快易贷等在内的易系列无担保、无抵押信贷产品，以及汽车贷款、房屋抵押贷款、质押贷款等综合消费类贷款。工商银行同样对消费金融业务进行积极的探索，其消费贷款产品融 e 借业务发展迅速。

业务开展过程中，银行通过参股消费金融公司、自营产品或者助贷等方式开展消费金融业务，这样就能从优质客群逐渐触达数量庞大的次优级客群，拓展更多的消费场景。在资金成本低、网点分布广、金融客群基础庞大等优势的加持下，商业银行的消金业绩增速明显，远超一般消费金融平台，在接下来市场变化快、利率往下调整过程中占据优势地位。

从消费金融行业整体发展空间来看，商业银行未来 5 年预计表内消费金融占总信贷规模有可能突破 25%。一方面是由于互联网消费金融的发展，商业银行凭借其可触及长尾群体的优势，利用高频的、线上交易，借助大数据、云计算等技术，沉淀了许多信用白户的个人金融及相关数据，充分填补了征信空白，完善了我国个人征信体系。另一方面，在金融供给侧结构性改革的大背景下，监管环境将日趋严格，整个消费金融行业的运营会越来越规范。在这个过程中，合规经营的消费金融机构的优势会愈发明显。

推荐阅读

数据中台

超级畅销书

这是一部系统讲解数据中台建设、管理与运营的著作，旨在帮助企业将数据转化为生产力，顺利实现数字化转型。

本书由国内数据中台领域的领先企业数澜科技官方出品，几位联合创始人亲自执笔，7位作者都是资深的数据人，大部分作者来自原阿里巴巴数据中台团队。他们结合过去帮助百余家各行业头部企业建设数据中台的经验，系统总结了一套可落地的数据中台建设方法论。本书得到了包括阿里巴巴集团联合创始人在内的多位行业专家的高度评价和推荐。

中台战略

超级畅销书

这是一本全面讲解企业如何建设各类中台，并利用中台以数字营销为突破口，最终实现数字化转型和商业创新的著作。

云徙科技是国内双中台技术和数字商业云领域领先的服务提供商，在中台领域有雄厚的技术实力，也积累了丰富的行业经验，已经成功通过中台系统和数字商业云服务帮助良品铺子、珠江啤酒、富力地产、美的置业、长安福特、长安汽车等近40家国内外行业龙头企业实现了数字化转型。

中台实践

超级畅销书

本书是国内领先的中台服务提供商云徙科技为近百家头部企业提供中台服务和数字化转型指导的经验总结。主要讲解了如下4个方面的内容：

第一，中台如何帮助企业让数字化转型落地，以及中台在资源整合、业务创新、数据闭环、应用移植、组织演进5个方面为企业带来的价值；

第二，业务中台、数据中台、技术平台这3大平台的建设内容、策略和方法；

第三，中台如何驱动新地产、新汽车、新直销、新零售、新渠道5大行业和领域实现数字化转型，给出了成熟的解决方案（实现目标、解决方案和实现路径）和成功案例；

第四，开创性地提出了"软件定义中台"的思想，通过对中台的进化历程和未来演进方向的阐述，帮助读者更深入地理解中台并明确未来的行动方向。

RPA：流程自动化引领数字劳动力革命

这是一部从商业应用和行业实践角度全面探讨RPA的著作。作者是全球三大RPA巨头AA（Automation Anywhere）的大中华区首席专家，他结合自己多年的专业经验和全球化的视野，从基础知识、发展演变、相关技术、应用场景、项目实施、未来趋势等6个维度对RPA做了全面的分析和讲解，帮助读者构建完整的RPA知识体系。

智能RPA实战

这是一部从实战角度讲解"AI+RPA"如何为企业数字化转型赋能的著作，从基础知识、平台构成、相关技术、建设指南、项目实施、落地方法论、案例分析、发展趋势8个维度对智能RPA做了系统解读，为企业认知和实践智能RPA提供全面指导。

RPA智能机器人：实施方法和行业解决方案

这是一部为企业应用RPA智能机器人提供实施方法论和解决方案的著作。

作者团队RPA技术、产品和实践方面有深厚的积累，不仅有作者研发出了行业领先的国产RPA产品，同时也有作者在万人规模的大企业中成功推广和应用国际最有名的RPA产品。本书首先讲清楚了RPA平台的技术架构和原理、RPA应用场景的发现和规划等必备的理论知识，然后重点讲解了人力资源、财务、税务、ERP等领域的RPA实施方法和解决方案，具有非常强的实战指导意义。

财税RPA

这是一本指导财务和税务领域的企业和组织利用RPA机器人实现智能化转型的著作。
作者基于自身在财税和信息化领域多年的实践经验，从技术原理、应用场景、实施方法论、案例分析4个维度详细讲解了RPA在财税中的应用，包含大量RPA机器人在核算、资金、税务相关业务中的实践案例。帮助企业从容应对技术变革，找到RPA技术挑战的破解思路，构建财务智能化转型的落地能力，真正做到"知行合一"。

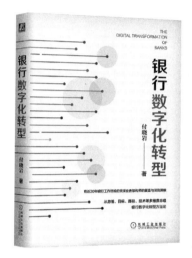 

银行数字化转型

这是一部指导银行业进行数字化转型的方法论著作,对金融行业乃至各行各业的数字化转型都有借鉴意义。

本书以银行业为背景,详细且系统地讲解了银行数字化转型需要具备的业务思维和技术思维,以及银行数字化转型的目标和具体路径,是作者近20年来在银行业从事金融业务、业务架构设计和数字化转型的经验复盘与深刻洞察,为银行的数字化转型给出了完整的方案。

银行数字化转型:路径与策略

银行数字化转型的内涵和外延是什么?
银行为什么要进行数字化转型?
先行者有哪些经验和方法值得我们借鉴?
银行数字化转型的路径和策略有哪些?
……

本书将从行业研究者的视角、行业实践者的视角、科技赋能者的视角和行业咨询顾问的视角对上述问题进行抽丝剥茧般探讨,汇集了1个银行数字化转型课题组、33家银行、5家科技公司、4大咨询公司的究成果和实践经验,讲解了银行业数字化转型的宏观趋势、行业先进案例、科技如何为银行业数字化转型赋能以及银行业数字化转型的策略。